Das große Buch der Experimente

Von Dr. Rainer Köthe

Illustriert von Daniel de Latour
und Manfred Tophoven

TESSLOFF

DAS GROSSE BUCH DER EXPERIMENTE

Hinweis: Die Experimente in diesem Buch sind von Autor und Verlag sorgfältig ausgewählt und geprüft worden. Dennoch kann keine Garantie übernommen werden. Eine Haftung seitens des Autors oder Verlags ist ausgeschlossen.

Bildquellennachweis: Archiv Tessloff Verlag: S. 121o, 121u, 125u; PD: S. 23u_SpreeTom, 41, 43, 69; Wiesław Jurewicz (www.jurewicz.art.pl): S. 2, 3, 4, 5, 6, 7,10o, 12o, 13u, 14o, 15o (Windrad), 17o, 18/19o, 21o, 23o, 24o, 26u, 28o, 30o, 30ml, 32o, 33u, 35u, 36m 36u, 37u, 38ul, 39ur, 43ur, 44ol, 45ur, 46o, 48u, 50u, 52u, 53u, 55u, 56, 58, 60o, 61ur, 63mr, 65u, 67o, 67u, 69u, 70u, 72/73u, 74o, 75u, 76o, 77, 78o, 79u, 80u, 82u, 84, 85ol, 86u, 87o, 88o, 89u, 90u, 91o, 92u, 93u, 94o, 96u, 100o, 103u, 104, 108, 109u, 110o, 115u, 117ul, 119u, 120o, 122u, 124o; Shutterstock Images LLC: S. 10m, 11o, 13ml, 14mr, 15ur, 17ur, 18ml, 18ur, 19mr, 21mr, 22, 24u, 25o, 26o, 27mr, 28ul, 29, 30u, 31, 33o, 34u, 35or, 36or, 38ur, 40, 42u, 45ul, 47, 49ur, 51mr, 52ml, 53mr, 55or, 57, 59, 60o, 61u, 62r, 63ol, 65o, 67mr, 71ur, 72o, 73ur, 75o, 81u, 82o, 85o, 87u, 88u, 91m, 93o, 94u, 95o, 96o, 96u, 97o, 99o, 101o, 105, 107, 109o, 110u, 111, 112, 113, 114, 115, 116, 117m, 117ur, 118, 119o, 120, 121or, 122or, 123ul, 125o

Umschlagfotos: Archiv Tessloff Verlag: Magnet; Wiesław Jurewicz (Kinder); Getty Images: Red Cover (Hintergrund); Istockphoto: Sphotos (Setzlinge), Pilipipa (Reagenzgläser)

Gestaltung: Büro für Gestaltung Dunkelau, Berlin; Lena Recknagel, Nürnberg (Cover)

Illustrationen: Daniel de Latour (S. 7o, 8o, 9m, 11u, 12u, 14u, 15o, 16l, 16u, 20u, 23, 24u, 25r, 27u, 29ur, 32u, 34o, 37r, 38o, 39o, 42o, 43l, 44u, 46ur, 57u, 58o, 62u, 64r, 66o, 68l, 76m, 81o, 83o, 85u, 95u, 96ol, 97m, 101u, 103o, 105m, 107o, 108m, 112 ur, 113or, 114/115o) und Manfred Tophoven (S. 41o, 49o, 50o, 59o, 71l, 98u, 99m, 102m, 106u, 116ul)

Projektleitung, Lektorat: Agata Janiszewska, Eva Dix

Bildredaktion: Christine Schmidt-Rudloff

Dieses Buch ist auf chlorfrei gebleichtem Papier gedruckt.

Copyright © 2010 TESSLOFF VERLAG
Burgschmietstraße 2–4, 90419 Nürnberg
www.tessloff.com, www.wasistwas.de

Die Verbreitung dieses Buches oder von Teilen daraus durch Film, Funk oder Fernsehen, der Nachdruck, die fotomechanische Wiedergabe sowie die Einspeicherung in elektronische Systeme sind nur mit Genehmigung des Tessloff Verlages gestattet.

ISBN 978-3-7886-1700-4

Wir danken Karolina, Michał, Zuzia, Jakub, Miłosz, Samuel und Julita für die tolle Mitarbeit!

Vorwort

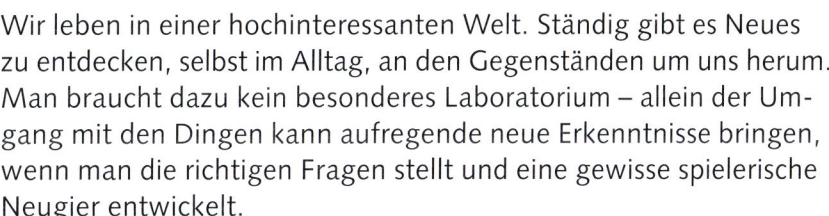

Wir leben in einer hochinteressanten Welt. Ständig gibt es Neues zu entdecken, selbst im Alltag, an den Gegenständen um uns herum. Man braucht dazu kein besonderes Laboratorium – allein der Umgang mit den Dingen kann aufregende neue Erkenntnisse bringen, wenn man die richtigen Fragen stellt und eine gewisse spielerische Neugier entwickelt.

Dieses Buch soll dabei helfen, die Welt zu erforschen. Wie verhalten sich Luft und Wasser, Licht und Schall? Welche Eigenschaften haben Wärme und Kälte, Magnetismus und Elektrizität? Wie wachsen Pflanzen? Wie verändert sich das Klima? Wie laufen Vorgänge wie Tag und Nacht oder die Mondphasen ab? Wie reagieren chemische Stoffe oder auch der eigene Körper? Dies sind nur einige der unzähligen Fragen, die sich im Alltag stellen und die dieses Buch mithilfe von Experimenten beantwortet.

Allen Versuchen ist gemeinsam, dass sie mit einfachsten Mitteln durchgeführt werden können – und oft ist das Ergebnis verblüffend. Bei jedem Experiment wird erläutert, wie dieses Ergebnis zustande kommt und was es für unser Verständnis von der Welt bedeutet.

Die meisten Versuche sind ungefährlich; wo Probleme auftauchen können, sind entsprechende Ratschläge und Hinweise zu finden. Sie müssen genau beachtet werden. Dann sollten die Experimente ohne Schwierigkeiten ablaufen.

Verlag und Autor wünschen dir gutes Gelingen bei den Versuchen! Wir hoffen, dass sie dazu beitragen, unsere bunte und vielgestaltige Welt besser zu verstehen.

Viel Spaß beim Experimentieren!

Inhalt

Legende

Experimentieren ist eine spannende Sache! Aber du solltest die Gefahrenhinweise ernst nehmen, die wir als Symbol oder schriftlich zu einzelnen Experimenten geben. Das gilt besonders für das Warn-dreieck, das zum Beispiel auf Verbrennungsgefahr hinweist, und für die beiden Köpfe, die dir raten, einen Erwachsenen dabeizuhaben. Die Schon-gewusst-Kästen geben dir zusätzliche Informationen zum Thema und in den Tipps findest du Hinweise, wie ein Versuch eventuell besser klappt.

Schwierigkeitsgrad:

einfach

mittel

schwer

Schon gewusst?

Vorsicht!

Bei diesem Versuch sollte ein Erwachsener dabei sein.

Tipp

Experimente mit Luft

Luft – dieses seltsame Ding soll am Anfang unserer Experimente stehen. Was ist das für ein eigenartiger Stoff, den wir ständig einatmen? Dünn ist er und durchsichtig, fast allgegenwärtig und normalerweise kaum zu spüren. Und dennoch trägt die Luft Vögel und Flugzeuge, kann als Sturmwind Dächer abdecken und Bäume entwurzeln.

so hältst, dass alle Luftblasen herausgekommen sind, füllt sie sich ganz mit Wasser.

Das geschieht:
Die Flasche war also gar nicht wirklich leer: Sie enthielt Luft. Und die Luft musste erst heraus, ehe das Wasser einströmen konnte.

Luft, so zeigt dieses Experiment, ist ein Stoff, der genau wie feste und flüssige Stoffe einen Raum einnimmt und sich daraus nicht einfach verdrängen lässt. Luft kann sogar schwere Gewichte tragen. Was pumpst du denn in deinen Fahrradreifen hinein? Und sogar ein tonnenschwerer Lastwagen fährt letztlich nur auf Luft.

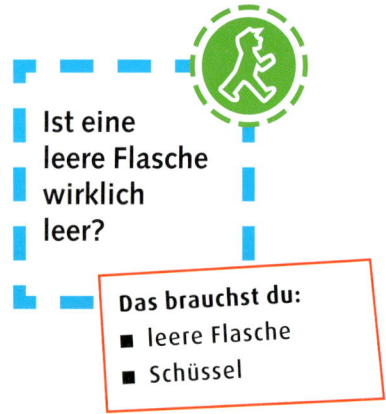

Ist eine leere Flasche wirklich leer?

Das brauchst du:
- leere Flasche
- Schüssel

Etwas ganz Alltägliches steht am Anfang unserer Experimente: eine leere Flasche. Aber ist wirklich gar nichts darin?

So geht's:
Dreh die Flasche um und tauch sie mit der Öffnung nach unten in die mit Wasser gefüllte Glasschüssel. Füllt das Wasser den Raum in der Flasche? Jetzt halte die Flasche ein bisschen schräg. Dabei quellen Luftblasen aus der Flasche und steigen an die Wasseroberfläche. Erst wenn du die Flasche

Schon gewusst?
Über uns erstreckt sich ein mehrere Kilometer hoher Ozean aus Luft. Und so leicht Luft auch ist: In solchen Mengen übt sie einen ziemlich starken Druck aus, den „Luftdruck". Auf jeden Quadratzentimeter unseres Körpers drückt die Luft mit einer Kraft, als ob ein Gewicht von etwa einem Kilogramm darauf lastete. Doch weil alle Teile unseres Körpers unter dem gleichen Druck stehen, merken wir nichts davon.

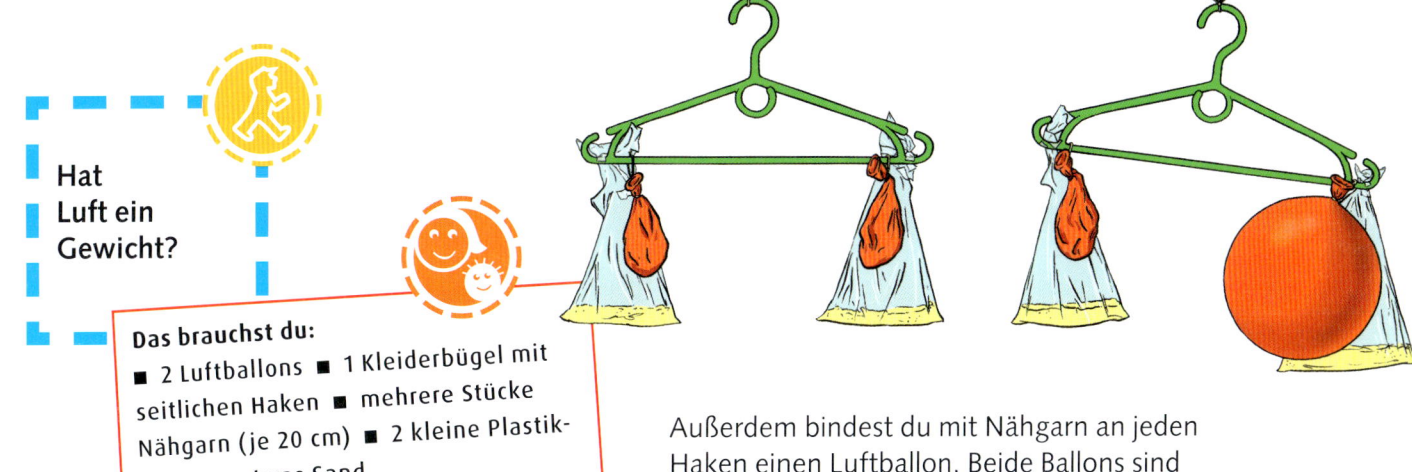

Hat Luft ein Gewicht?

Alle Stoffe haben ein Gewicht. Doch wie steht es mit der Luft – wiegt sie auch etwas? Und wie schwer oder leicht ist sie?

So geht's:

Um etwas so Leichtes wie Luft zu wiegen, brauchst du eine sehr empfindliche Waage. Solche Waagen sind ziemlich teuer. Mit etwas Fingerspitzengefühl kannst du dir selbst eine bauen. Binde den Mittelhaken des Bügels an den Nähgarnfaden und häng ihn so auf, dass der Bügel ganz frei schwingen kann und leicht beweglich ist. An jedes Ende hängst du eine der kleinen Plastiktüten.

Außerdem bindest du mit Nähgarn an jeden Haken einen Luftballon. Beide Ballons sind zunächst nicht aufgeblasen. Die Waage wird jetzt nicht waagrecht hängen. Füll vorsichtig in die Plastiktüte der leichteren Seite Sand ein, bis die Waage genau gerade hängt. Jetzt blas vorsichtig, ohne Sand zu verschütten, den rechten Luftballon auf und knote das Ende zu. Lässt du jetzt die Waage los, wird diese Seite des Kleiderbügels herabsinken.

Das geschieht:

Grund dafür ist das Gewicht der zusätzlich in den Ballon hineingepressten Luft. Luft ist also nicht gewichtslos: Ein Liter Luft wiegt etwa 1,3 Gramm. Bewahre die Waage gut auf; du kannst sie später noch mehrfach gebrauchen.

Wieso läuft die Flasche nicht leer?

Dass Luft ein Gewicht hat, weißt du bereits. Jetzt wirst du sehen, welchen Druck sie mit ihrem Gewicht ausüben kann.

So geht's:

Füll die Flasche vollständig mit Wasser und stell sie umgekehrt in die wassergefüllte Schale. Du wirst staunen: Obwohl das Wasser in der Flasche ein merkliches Gewicht hat, läuft nichts aus – solange die Öffnung der Flasche unter dem Wasserspiegel bleibt.

Zieh dann die Flasche so weit aus dem Wasser, dass von unten her Luft eindringen kann. Nun fließt Wasser aus. Halte die Öffnung der Flasche wieder vollständig unter Wasser. Sofort stoppt der Wasserstrom.

Das geschieht:

Das eigene Gewicht zieht das Wasser in der Flasche nach unten. Dabei bildet sich über dem Wasserspiegel in der Flasche ein luftleerer Raum. Nun drückt der Luftdruck von außen das Wasser in die Flasche hoch. Er ist viel stärker als das Gewicht des Wassers und hindert es am Ausfließen – es sei denn, du lässt Luft in die Flasche, die den leeren Raum füllt.

Wie arbeitet ein Barometer?

Das brauchst du:
- leeres Einmachglas
- Luftballon
- Gummiband
- Strohhalm
- Stecknadel
- Papier

Es ist sehr nützlich, ständig den Luftdruck zu messen. Er schwankt nämlich um kleine Beträge und gibt damit Hinweise auf das Wetter der nächsten Stunden. Ein einfaches Luftdruck-Messgerät kannst du dir aus einem leeren Glas bauen.

So geht's:

Spanne über die Öffnung des Glases ein Stück Luftballonhaut und befestige es mit dem Gummiband. Das Glas stellst du dicht an die Wand des Zimmers an eine Stelle, wo es immer etwa dieselbe Temperatur hat und nicht von der Sonne beschienen wird. Dann spießt du eine lange Stecknadel einige Zentimeter vom Ende entfernt quer durch den Strohhalm und steckst sie in die Wand.

Das kurze Ende des Halms klebst du vorsichtig auf die Mitte der Gummihaut, hinter das andere Ende klebst du eine Skala, wie es die Zeichnung oben rechts zeigt.

Das geschieht:

Wenn sich der Luftdruck ändert, bewegt sich der „Zeiger" vor der Skala auf und ab. Steigt der Luftdruck, so drückt er die Gummihaut etwas mehr ins Glas und der Zeiger wandert nach oben – gutes Wetter ist in Aussicht. Sinkt hingegen der Luftdruck und damit der Zeiger, kündigt sich Regen an.

Schon gewusst?

Luft besteht aus einem Gemisch verschiedener Gase. Außerdem enthält die Luft gasförmiges Wasser, also Wasserdampf. All diese Gase bestehen aus Unmengen kleinster Teilchen, den Molekülen. In Gasen schwirren die Moleküle frei umher. Auch Flüssigkeiten bestehen aus Molekülen – Wasser zum Beispiel aus Wassermolekülen. Sie sind weniger beweglich als die Gasmoleküle und halten stärker zusammen. Deshalb bleibt eine Flüssigkeit in ihrem Gefäß, passt sich aber dessen Form an. In festen Stoffen hängen die Moleküle ganz starr aneinander. Darum bleibt die jeweilige Form des Stoffes bestehen.

Sauerstoff 21%

Edelgase 0,9%
Kohlendioxid 0,03%

Stickstoff 78%

Die Bestandteile der Luft

Ein solches Instrument zur Messung des Luftdrucks nennt man Barometer. Unsere Zimmerbarometer sind meist Dosenbarometer. Sie haben in ihrem Innern eine fast luftleere Metalldose, die vom Luftdruck mehr oder weniger zusammengedrückt wird und diese Bewegung auf eine Anzeige überträgt.

Wie lässt sich Wasser mit Papier einsperren?

Das brauchst du:
■ Trinkglas ■ ein Stück einigermaßen wasserfeste Pappe

Die Wirkung des Luftdrucks lässt sich an vielen Alltagserscheinungen beobachten. Sie kann mitunter verblüffend sein, wie dir der nächste Versuch zeigt.

So geht's:
Führ diesen Versuch am besten über dem Waschbecken oder einer Schüssel durch: Wenn die Pappe durchfeuchtet und nicht mehr hält, kann es dabei etwas feucht werden.
Füll ein Trinkglas bis zum Rand mit Wasser und bedeck die Öffnung mit der Pappe (es darf kein Loch bleiben!). Dreh dann das Glas um und drück dabei etwas auf die Pappe. Zieh nun deine Hand weg. Du wirst staunen: Obwohl das Gewicht des Wassers auf der Pappe lastet, bleibt sie doch am Glas hängen.

Das geschieht:
Der äußere Luftdruck presst die Pappe von unten an den Glasrand und sperrt dadurch das Wasser ein. Er hält auch ein Glas an deinem Mund fest, wenn du die Luft herausaugst. Er klebt Saughaken an der Badezimmerkachel fest. Und er macht es möglich, dass du mit einem Strohhalm trinken kannst: Wenn du oben durch Saugen einen „luftleeren" Raum schaffst, presst er die Flüssigkeit aus dem Glas den Halm hinauf.

Was ist stärker: Luft oder Holz?

Das brauchst du:
■ dünne Holzlatte (etwa 10 cm breit)
■ einige alte Zeitungen ■ Handschuh

Dumme Frage? Probier es aus! Du wirst staunen!

So geht's:
Leg die dünne Holzlatte auf einen alten Tisch. Deck zwei völlig unbeschädigte Zeitungen darüber und streich sie ganz glatt. Dann ziehst du vorsichtig die Latte hervor, sodass sie über den Tischrand ragt, und schlägst mit der durch einen Handschuh geschützten Faust kräftig auf das herausragende Ende.

Das geschieht:
Auch ein noch so kräftiger Mann könnte die Zeitungen nicht heben. Eher bricht das Holz. Ursache ist wieder einmal der Luftdruck. Durch den Schlag werden die Zeitungen einige Millimeter hochgehoben. Dadurch aber entsteht darunter ein Bereich mit verringertem Luftdruck. Und so presst der äußere Luftdruck Papier und Latte mit der Kraft vieler Kilogramm auf den Tisch.
Warum kannst du die Zeitung aber langsam hochheben? Weil dann die Luft genug Zeit hat, um nachzuströmen. So bildet sich kein luftleerer Raum und die Wirkung des Luftdrucks kommt nicht zum Tragen.

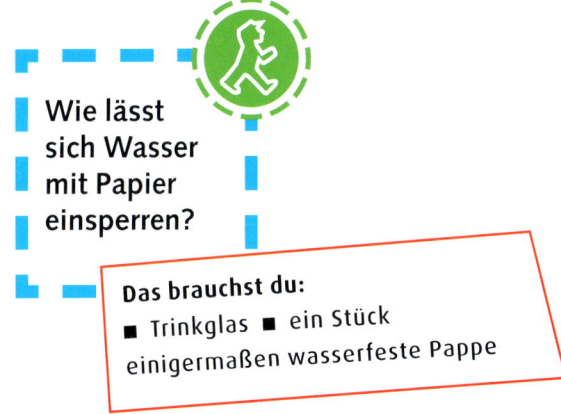

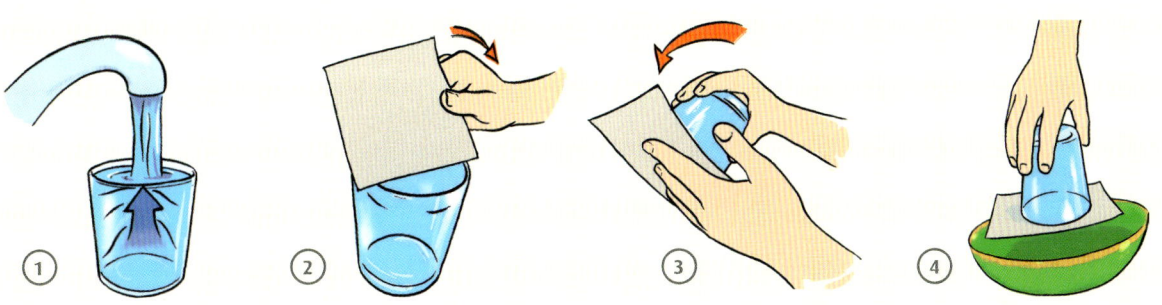

Das brauchst du:
- Gummischlauch (etwa 1 m lang, möglichst durchsichtig)
- 2 große Einmachgläser oder 2 Eimer

Wenn du ein Aquarium zu Hause hast, kennst du das Problem: Regelmäßig musst du das Becken leeren, um frisches Wasser einzufüllen. Dafür gibt es einen einfachen Trick.

So geht's:

Füll ein Glas mit Wasser und stell es auf den Tisch. Das andere lässt du leer auf dem Fußboden stehen. Füll den Gummischlauch vollständig mit Wasser (es darf keine Luftblase darin bleiben!). Kneif beide Enden zusammen und tauch ein Ende in das mit Wasser gefüllte Glas auf dem Tisch. Das andere Ende hältst du in das leere Glas und gibst dann die Öffnungen frei. Das Wasser strömt durch den Schlauch vom vollen ins leere Glas. Es überwindet dabei sogar die Schwerkraft, denn zunächst steigt es bis zur Höhe des Glasrandes empor.

Das geschieht:

Wieder einmal ist unser alter Bekannter, der Luftdruck, im Spiel. Während nämlich das Wasser unten aus dem längeren Schlauchteil ausfließt, drückt er immer neuen Nachschub in den kürzeren Teil hinein, damit sich im Schlauch kein luftleerer Raum bildet.

Schon gewusst?

Mit zunehmender Höhe wird der Luftdruck geringer. Das liegt daran, dass die Luftsäule über deinem Kopf abnimmt, je höher du steigst. Auf Meereshöhe entspricht der Luftdruck etwa einer Wassersäule von zehn Metern. Auf dem Gipfel der Zugspitze in knapp 3000 Metern Höhe dagegen entspricht der Luftdruck nur noch einer Wassersäule von etwa sieben Metern.

Das brauchst du:
- 2 Tischtennisbälle
- 2 Bindfäden (je etwa 50 cm lang) ■ Klebeband
- dicken Strohhalm

So geht's:

Befestige die Bindfäden mit Klebeband an den Tischtennisbällen und häng die Bälle so auf, dass sie einige Zentimeter voneinander entfernt

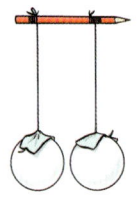

sind. Was passiert, wenn du jetzt mit dem Strohhalm zwischen den Bällen hindurchbläst? Man sollte meinen, sie entfernen sich voneinander …

Das geschieht:
Die Bälle bewegen sich wie von einer geheimnisvollen Kraft angezogen aufeinander zu. Des Rätsels Lösung ist ein Naturgesetz, das nach seinem Entdecker, dem Schweizer Naturforscher Daniel Bernoulli (1700–1782), das „bernoullische Gesetz" heißt. Es sagt aus: Nimmt die Geschwindigkeit eines Gases zu, so sinkt der Druck in diesem Gasstrom. Daher ist der Druck in deinem „Pustestrom" geringer als außerhalb und der äußere Luftdruck drückt die Bälle hinein.

Warum schützt eine Litfaßsäule nicht vor Wind?

Das brauchst du:
- runde Flasche
- etwa gleich große viereckige Flasche oder Milchtüte ■ Kerze

Vorsicht, verbrenn dich nicht!

Da sucht man hinter einer Litfaßsäule Schutz vor dem kalten Sturm, der durch die Straßen fegt – und dann friert man trotzdem! Die Säule scheint den Wind nicht zu bremsen. Wie kommt das?

So geht's:
Stell die brennende Kerze hinter die viereckige Flasche und puste kräftig gegen die Flasche. Nichts geschieht,

Schon gewusst?
Wie können Flugzeuge fliegen? Viele Bücher behaupten, der Grund seien die gewölbten Flügeloberseiten. Dadurch müsse die Luft dort einen längeren Weg zurücklegen, ströme daher rascher und nach dem bernoullischen Gesetz sinke daher dort der Luftdruck und ziehe den Flügel nach oben. Die Sache ist aber komplizierter. Du kannst sie am besten verstehen, wenn du dir einen Hubschrauberrotor vorstellst. Seine Flügel stehen etwas schräg in einem bestimmten Winkel. Dreht er sich, „pumpt" er dadurch wie ein Propeller Luft nach unten – wie jeder weiß, der schon einmal unter einem startenden Hubschrauber gestanden hat. Und die abwärts strömende Luft erzeugt eine Gegenkraft, die den Rotor nach oben drückt. Der gleiche Effekt tritt bei einem Flugzeugflügel auf. Der rotiert zwar nicht, wird aber von den Turbinen durch die Luft getrieben und schiebt so die Luft nach unten.

die Kerze brennt ruhig weiter. Nun wiederhole den Versuch mit der runden Flasche: Die Flamme erlischt.

Das geschieht:
Ursache ist das bernoullische Gesetz: Der äußere Luftdruck presst den Luftstrom gegen die runde Flasche. Die strömende Luft schmiegt sich der Rundung an und fließt hinter der Flasche fast ungeschwächt weiter. Bei der viereckigen Flasche funktioniert das nicht: Ihre Kanten verwirbeln die Luft.

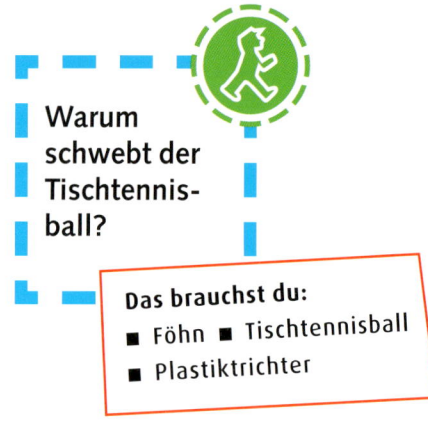

Warum schwebt der Tischtennisball?

Mit diesem Trick kannst du sogar die Schwerkraft überlisten.

So geht's:

Halte die Öffnung des Föhns senkrecht nach oben, schalte ihn auf die stärkste Stufe und wirf einen Tischtennisball in den Luftstrom – er wird frei in der Luft schweben! Vielleicht musst du das ein paar Mal probieren, es hängt von der Geschwindigkeit des Luftstroms ab. Auf jeden Fall muss die Öffnung des Föhns rund sein. Falls eine flache Düse draufgesteckt ist, nimm sie ab.

Leg nun den Ball von oben in den Trichter und blas kräftig durch den Trichterhals. Kannst du den Ball wegblasen?

Dreh jetzt den Trichter um (weite Öffnung unten). Halte den Ball hinein und blas wieder. Was geschieht, wenn du den Ball loslässt? Wieder hält der Luftstrom den leichten Ball fest.

Das geschieht:

Auch hier wirkt das bernoullische Gesetz: Im Luftstrom herrscht geringerer Druck als außerhalb. Wenn der Ball seitlich ausbrechen oder aus dem Trichter entfliehen will, drückt ihn der äußere Luftdruck wieder zurück.

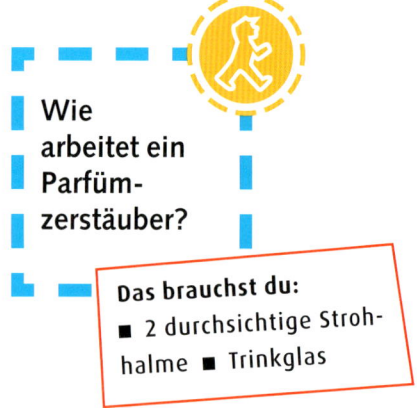

Wie arbeitet ein Parfümzerstäuber?

Früher enthielten Spraydosen oft Treibgase, bis man herausfand, dass sie die Ozonschicht der Erde schädigen. Doch auch ohne Treibgas bekommt man Parfüm und andere Flüssigkeiten ganz leicht aus dem Behälter, wie dieser Versuch zeigt.

So geht's:

Steck einen Trinkhalm in das mit Wasser gefüllte Glas, halte den zweiten Halm waagrecht an dessen obere Öffnung und blas kräftig hinein. Das Wasser im ersten Halm steigt, bei kräftigem Blasen sogar bis zur oberen Öffnung, sodass es in feine Tröpfchen zerstäubt wird.

Das geschieht:

Der Luftstrom erzeugt einen Unterdruck und der äußere Luftdruck treibt das Wasser im Röhrchen hoch – Bernoulli lässt grüßen.

Schon gewusst?
Auch Raketen und Raum-
fähren funktionieren
nach dem Rückstoßprin-
zip. Denn nur so können
sie sich durch das luft-
leere Weltall bewegen.
Sie haben besonders
leistungsstarke Trieb-
werke und führen die
zur Verbrennung des
Treibstoffs nötige Luft in

Tanks mit. Flügel brau-
chen sie im Weltraum
nicht, höchstens für Start
und Landung auf der
Erde. Das Rückstoßprin-
zip nutzen auch einige
Wassertiere. Kraken zum
Beispiel saugen rhyth-
misch Wasser in den Kör-
per und pressen es dann
unter hohem Druck hin-
ten heraus – so schießen
sie ruckartig vorwärts.
Ganz ähnlich pulsieren
auch Quallen durchs
Meer, nur ziehen sie
sich viel gemächli-
cher zusammen.

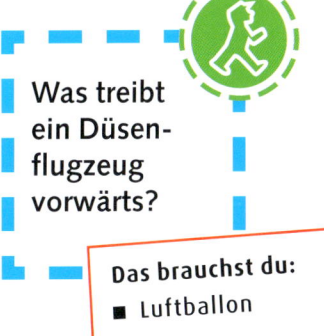

**Was treibt
ein Düsen-
flugzeug
vorwärts?**

Das brauchst du:
■ Luftballon

So geht's:
Blas den Luftballon auf und lass
ihn dann los: Er wird wie ein geölter
Blitz im Zimmer umherschießen, bis
die Luft entwichen ist.

Das geschieht:
Die unter Druck ausströmende Luft
übt eine Kraft auf den Luftballon
aus, den Rückstoß. Ihre Größe ist
abhängig von der Menge und der
Geschwindigkeit des ausströmenden
Gases. Beim Düsenflugzeug sind es
die Verbrennungsgase des Treibstoffs, die sich in der Hitze ausdeh-
nen, mit hoher Geschwindigkeit aus
den Düsen nach hinten strömen und
so das Flugzeug vorwärtstreiben.

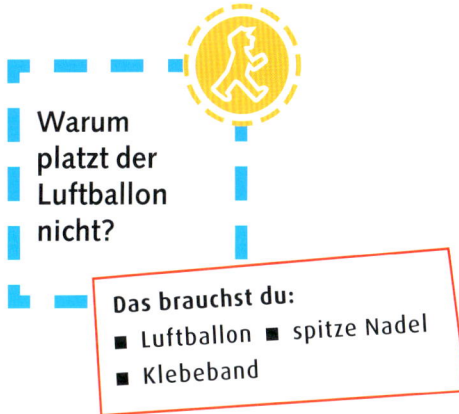

**Warum
platzt der
Luftballon
nicht?**

Das brauchst du:
■ Luftballon ■ spitze Nadel
■ Klebeband

Luftballons müssen eines fürchten:
spitze Gegenstände. „Peng!" – und
sie sind nur noch ein schlaffes, zer-
rissenes Häutchen. Doch es gibt
einen Trick, wie man ohne „Peng!"
eine Nadel hineinstechen kann.

So geht's:
Kleb an eine Stelle des aufgeblasenen
Ballons ein briefmarkengroßes Stück
Klebeband. Wichtig ist, dass es an allen Stellen gut haftet! Stichst du jetzt
durch den Klebefilm hinein, zischt
die Luft leise durch das kleine Loch
hinaus, aber der Ballon platzt nicht.

Das geschieht:
Die Gummihülle des Ballons steht
unter starker Spannung, aber die
Gummiteilchen halten sich sozusagen
gegenseitig fest. Wenn die Nadel
dieses Gleichgewicht an einer Stelle
stört, bricht alles zusammen. Der
Klebefilm aber sorgt für Stabilität,
denn er hält die Gummiteilchen
trotz Loch zusammen.

Was geschieht, wenn Luft erwärmt wird?

Das brauchst du:
- Schüssel ▪ Flasche ▪ Strohhalm
- Knetmasse ▪ Filzstift

Die Wärme der Luft misst du ganz selbstverständlich mit einem Thermometer. Wenn es warm ist, steigt das Thermometer an. Wie kommt das?

So geht's:

Füll die Flasche zu einem Viertel mit Wasser. Schieb den Trinkhalm durch die Öffnung, bis er unten ins Wasser taucht, und dichte die Flaschenöffnung mit Knetmasse luftdicht ab. Dann füll vorsichtig durch den Halm so lange Wasser hinzu, bis es im Halm oberhalb der Knetmasse erscheint. Markier diese Stelle mit einem Filzstift. Stell nun die Flasche in eine Schüssel mit heißem Wasser. Das Wasser im Halm steigt.

Das geschieht:

Fast jeder Stoff dehnt sich aus, wenn er erwärmt wird, und Luft ist da keine Ausnahme. Durch ihre Ausdehnung treibt sie das Wasser in dem Halm empor. Kühlt sie ab, zieht sie sich wieder zusammen und das Wasser im Halm sinkt. Wenn du an den Halm eine kleine Skala klebst, hast du ein Thermometer. Vergleiche die Wasserstände, wenn du die Flasche an einem kühlen Tag ins Freie stellst oder wenn sie im Zimmer in Heizungsnähe steht. Du musst allerdings jedes Mal mindestens eine Stunde warten, bis Flasche, Wasser und Luft die Umgebungstemperatur angenommen haben.

Schon gewusst?

Auch viele Zimmerthermometer funktionieren mithilfe der Wärmeausdehnung von Stoffen. Meist bestehen sie aus einer Glaskugel mit Glasröhrchen und sind mit gefärbtem Alkohol gefüllt. Die Glaskugel ist klein, damit sie schnell die jeweilige Umgebungstemperatur annimmt. Erwärmt sie sich, dehnt sich die Flüssigkeit im Innern aus und steigt im Röhrchen empor. Kühlt sie ab, sinkt der Flüssigkeitspegel. Elektronische Thermometer arbeiten anders: Sie messen, wie gut ein bestimmtes Material den elektrischen Strom leitet. Diese Leitfähigkeit ändert sich mit der Temperatur.

Tipp

Gib ein paar Tropfen Lebensmittelfarbe oder Tinte ins Wasser. Dann kannst du den Wasserstand leichter ablesen.

Warum steigt warme Luft auf?

Das brauchst du:
■ kleines Windrad (aus dem Spielwarengeschäft)
■ Kerze oder Herdplatte

Vorsicht, verbrenn dich nicht!

Du kennst bestimmt die großen, bunten Heißluftballons, die an Sommertagen über den Himmel schweben, oder die Weihnachtspyramiden, die sich im Kerzenlicht drehen. Wusstest du, dass beide von warmer Luft angetrieben werden?

So geht's:

Halte das Windrad über eine heiße Herdplatte oder über eine brennende Kerze. Es beginnt, sich zu drehen.

Das geschieht:

Normalerweise dreht sich das Windrad, wenn es von Wind, also einem Luftstrom, getroffen wird. Offenbar steigt auch von der Flamme oder der heißen Herdplatte ein Luftstrom auf. Den Grund dafür hast du im vorigen Versuch kennengelernt: Erwärmte Luft dehnt sich aus. Das bedeutet, dass eine gleich schwere Luftmenge jetzt einen größeren Raum einnimmt. Damit ist sie leichter als vorher und auch leichter als die sie umgebende kühlere Luft. Sie steigt daher auf wie eine Luftblase im Wasser.
Über einer Wärmequelle steigt also ständig warme Luft auf. Sie treibt Heißluftballons und Pyramiden an und setzt dein Windrad in Bewegung.

Wie lässt sich messen, dass warme Luft leichter ist?

Das brauchst du:
■ Waage aus dem Versuch „Hat Luft ein Gewicht?" (Seite 7)
■ 2 Alutüten (z.B. Kaffeeverpackungen)
■ kräftige Kerze
■ Klebeband

Vorsicht, verbrenn dich nicht! Achte darauf, dass du die Kerze nicht zu dicht an die Alutüten hältst!

So geht's:

Häng an beide Enden des Kleiderbügels eine Tüte mit der Öffnung nach unten, bring die Waage ins Gleichgewicht und halte unter eine der Tüten eine brennende Kerze. Sie sollte gut Hitze entwickeln, also kein Teelicht.

Das geschieht:

Nach einiger Zeit füllt die aufsteigende warme, leichtere Luft die Tüte und diese Seite der Waage hebt sich.

Schon gewusst?

Heißluftballons bestehen aus einer riesigen, aber sehr leichten Hülle, an der ein großer Korb befestigt ist. Beim Start bläst die Bedienungsmannschaft die Hülle zunächst mittels eines Gebläses mit Luft auf. Diese Luft wird dann mit kräftigen Gasbrennern erwärmt. Langsam hebt sich der Ballon empor und treibt mit dem Wind dahin – solange das Gas in den Flaschen reicht. Der erste Heißluftballon, nach seinen Erfindern, den Brüdern Montgolfier, „Montgolfiere" genannt, stieg im Jahr 1783 in die Luft. Übrigens: Ballonfahrer legen großen Wert darauf, dass ein Ballon (wie auch ein Zeppelin) „fährt"!

Experimente mit Wasser

Zwei Drittel unseres Erdballs sind von Wasser bedeckt. In einem ewigen Kreislauf verdampft das Meerwasser, der Wasserdampf kondensiert zu Regenwolken, die mit dem Wind über das Land treiben und dort abregnen. Die Regentropfen sammeln sich zu Rinnsalen, Bächen und Flüssen und strömen wieder ins Meer. Wasser ist lebenswichtig für Pflanze, Tier und Mensch. Und es besitzt einige bemerkenswerte Eigenschaften.

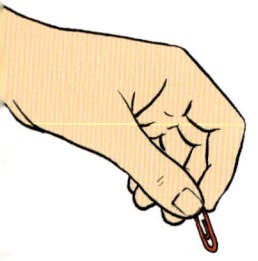

Kann die Wasserhaut sogar Metallgegenstände tragen?

Das brauchst du:
- Schüssel
- Nähnadel
- Büroklammer

So geht's:
Spül die Schüssel mehrfach mit klarem Leitungswasser aus, um alle Spülmittelreste zu entfernen, und füll sie dann mit Wasser. Leg nun ganz, ganz vorsichtig eine Büroklammer und eine Nähnadel auf das Wasser.
Jeder dieser Gegenstände besteht aus Eisen, das etwa achtmal so schwer ist wie Wasser. Trotzdem bleiben sie, wenn du sie sorgfältig genug aufsetzt, auf der Wasseroberfläche liegen. Wie im vorigen Versuch scheint es, als ob diese von einer dünnen Haut überzogen wäre.

Wie viele Büroklammern passen in ein volles Glas Wasser?

Das brauchst du:
- Trinkglas
- Büroklammern aus Metall

So geht's:
Schätz erst einmal die Zahl! Füll dann das Glas bis zum Rand mit Wasser und steck vorsichtig eine Büroklammer nach der anderen hinein – so lange, bis es überläuft. Hast du geahnt, dass so viele Klammern hineinpassen?

Das geschieht:
Wenn du von der Seite auf das Glas schaust, siehst du, warum das Wasser nicht ausläuft: Die Wasseroberfläche wölbt sich wie ein aufgeblasener Luftballon nach oben. Es sieht aus, als wäre sie von einer unsichtbaren Haut bedeckt.

Das geschieht:

Die feine, erstaunlich tragfähige Haut besteht aus Wasser: Die kleinsten Teilchen (Moleküle) des Wassers ziehen sich gegenseitig stärker an als die Moleküle der Luft. Sie möchten am liebsten zusammenbleiben und sich nicht durch einen Gegenstand voneinander trennen lassen. Man nennt diese Erscheinung „Oberflächenspannung", weil sich das Wasser wie eine gespannte Haut verhält.

Tipp

Wenn du Probleme hast, eine Büroklammer auf der Wasseroberfläche zu platzieren, leg etwas Seidenpapier aufs Wasser und darauf die Büroklammer. Das Papier saugt sich bald voll und taucht ab, die Klammer bleibt (mit etwas Glück) liegen.

Wie verändert Seife das Wasser?

Das brauchst du:
- Schüssel ■ Nähnadel
- Büroklammer ■ Seife oder Geschirrspülmittel ■ Streichhölzer
- gemahlenen Pfeffer

So geht's:

Wiederhole den vorigen Versuch. Wenn die Metallteile schön schwimmen, gib ein bisschen Seife aufs Wasser oder einen Tropfen Geschirrspülmittel. Sofort sinken sie ab. Leg nun vorsichtig einige Streichhölzer so auf die Wasseroberfläche einer sauberen Schüssel, dass sie einen Stern bilden. Tropfst du jetzt etwas Spülmittel ins Zentrum dieses Sterns, schießen die Hölzchen nach außen weg. Auch aufs Wasser gestreuter Pfeffer saust auf ähnliche Art davon, wenn man Seife eintaucht.

Das geschieht:

Seife und Geschirrspülmittel zerstören die Oberflächenhaut des Wassers, denn sie verringern die gegenseitige Anziehungskraft der Wasserteilchen: Die Seifenmoleküle bilden eine Art Kugel um jeweils einige Wassermoleküle und schirmen sie so von den anderen Wassermolekülen ab. Deswegen ist es bei Versuchen mit der Oberflächenspannung so wichtig, dass die Gefäße frei von Spülmittelresten sind. Der zweite Teil des Versuchs zeigt, wie sich die Oberflächenhaut verändert. Vergleichbar dem Gummihäutchen eines platzenden Luftballons reißt nämlich das Oberflächenhäutchen des Wassers und setzt die Streichhölzer oder Pfefferteilchen in Bewegung.

Schon gewusst?

In der Natur spielt die Oberflächenspannung des Wassers eine wichtige Rolle. Sie sorgt zum Beispiel dafür, dass sich kleine Wassertröpfchen zu großen Regentropfen zusammenfinden und dass „Wasserläufer" – kleine Insekten auf Tümpeln – nicht einsinken, wenn sie über die Wasseroberfläche flitzen.

Warum sinken Enten im Wasser nicht ein?

Das brauchst du:
- 2 nicht zu alte Vogelfedern
- Seife ■ Schüssel ■ Speiseöl

Enten haben ein ganz schönes Gewicht. Wieso versinken sie dann nicht wie ein Stein im Wasser?

So geht's:

Tauch eine Vogelfeder ins Wasser und zieh sie wieder heraus. Sie wird praktisch trocken sein; die wenigen anhaftenden Wassertropfen kannst du leicht abschütteln. Tauch sie nun in Seifenwasser ein und zieh sie wieder heraus. Jetzt bleibt die Feder nass und ist deutlich schwerer geworden.

Füll die Schüssel mit reinem Wasser, gib zwei Esslöffel Speiseöl darauf und tauch die zweite Feder ein. Ziehst du sie heraus, tropft sie vor Öl und ist ebenfalls schwerer geworden.

Das geschieht:

Enten haben eine Art Schwimmring, nämlich ihr luftgefülltes Gefieder. Normalerweise kann Wasser dort nicht eindringen, denn Wasservögel fetten ihr Gefieder regelmäßig mit Wasser abweisendem Öl ein, das eine besondere Drüse produziert. Seifenwasser hat aber eine verringerte Oberflächenspannung und dringt daher trotzdem zwischen die Federn. Die Ente würde in Seifenwasser untergehen oder auch erfrieren, weil sie ihr Gefieder selbst an Land so schnell nicht wieder trocken bekommt. Und auch Öl dringt leicht ins Gefieder ein. Deshalb haben Seevögel bei einer Ölpest kaum eine Chance.

Weshalb wäscht man sich mit Seife?

Das brauchst du:
- Seife ■ Geschirrspülmittel
- Speiseöl ■ 2 leere Flaschen

Mit Seife werden deine Hände viel sauberer, als wenn du sie mit reinem Wasser wäschst. Auch das hängt mit der Oberflächenspannung zusammen.

So geht's:

Gib einige Tropfen reines Leitungswasser auf den Stoff deines T-Shirts. Sie werden als klare Tropfen hängen bleiben und nur langsam in den Stoff eindringen. Wiederhole den Versuch mit Seifenwasser. Sofort sind die Tropfen verschwunden. Füll eine leere Flasche halb mit Wasser und gib einige Millimeter hoch Speiseöl darauf. In die andere Flasche füllst du ebenso Wasser und Speiseöl, gibst aber noch ein paar kräftige Spritzer Geschirrspülmittel dazu. Dann verschließt du beide Flaschen, schüttelst sie gründlich und lässt sie stehen. Wie unterscheiden sie sich nach einigen Stunden?

Schon gewusst?

In Waschpulver oder Waschkonzentrat ist eine Fülle von Stoffen enthalten. Manche wirken wie Seife, das sind die eigentlichen Waschmittel. Andere helfen, Fettflecken oder farbige Flecken zu entfernen. Zusatzstoffe binden den im Wasser gelösten Kalk, damit er sich nicht auf den Fasern oder in der Waschmaschine ablagert, oder zerstören Bakterien in der Schmutzwäsche. Aufhellungsmittel lassen die Wäsche weißer erscheinen und Parfümzusätze sorgen dafür, dass die frisch gewaschene Wäsche gut duftet.

Das geschieht:

Wegen der verringerten Oberflächenspannung dringt das Seifenwasser sofort in die Fasern deines T-Shirts ein. Deshalb eignet es sich besser zum Waschen als reines Wasser: Es wandert selbst in die kleinsten Hohlräume und löst dort die Schmutzteilchen heraus. Die Schmutzreste werden ebenso von Seifenmolekülen umhüllt wie die Wassermoleküle. Daher bleiben sie im Seifenwasser schweben und werden schließlich weggespült.

Auch Geschirrspülmittel verringert die Oberflächenspannung. Wenn du reines Wasser und Öl vermischst, trennen sie sich nach einiger Zeit wieder. Das Spülmittel aber umhüllt die Öltröpfchen. Es verhindert, dass sie wieder zu großen Tropfen zusammenfließen, und hält sie in der Schwebe. Deshalb lassen sich Fettreste mit Spülmittelwasser viel besser entfernen.

Schon gewusst?

Das Bestreben des Wassers, gegen die Schwerkraft in feinen Spalten emporzusteigen, nennt man „Kapillarwirkung". Sie spielt im Pflanzenreich eine wichtige Rolle: Grundwasser erreicht so die Pflanzenwurzeln und steigt in den Pflanzenfasern empor. Probier es selbst: Füll je ein Reagenzglas mit feinem Sand, grobem Sand und Gartenerde. Stopf in jedes Glas einen Wattebausch und stell die Gläser umgekehrt in einen mit Wasser gefüllten Teller, sodass das Wasser die Erde berührt. Es steigt nun langsam in die Höhe: umso weiter, je feinkörniger das Material ist.

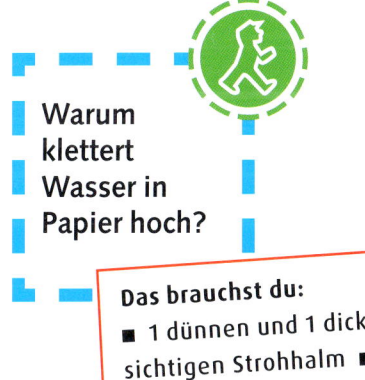

Warum klettert Wasser in Papier hoch?

Das brauchst du:
- 1 dünnen und 1 dicken durchsichtigen Strohhalm
- Kerze
- Butter
- Zeitungspapier

So geht's:

Tauch den unteren Rand des Zeitungspapiers ins Wasser. Das Wasser klettert sofort daran hoch, als ob es keine Schwerkraft gäbe. Tauch dann den dünnen und den dicken durchsichtigen Strohhalm ins Wasser. Beobachte, wie weit über die Wasseroberfläche das Wasser innerhalb des Halmes emporkriecht.

Das geschieht:

Wasser hat das Bestreben, an anderen Gegenständen hängen zu bleiben. Diese Kraft heißt „Adhäsion". Deshalb steigt es gern in engen Räumen empor, wo die Wände ganz nahe beieinander sind, zum Beispiel in Papier oder in dünnen Röhrchen. Je enger der Raum, desto höher klettert das Wasser. Allerdings ist die Adhäsion nicht bei allen Materialien gleich groß: Tauch deinen Finger, eine Kerze und ein Stück Butter kurz ins Wasser. Nur der Finger ist nach dem Herausziehen nass; Kerze und Butter hingegen nehmen das Wasser nicht an.

Tipp

Träufle etwas Wasser auf zwei nicht mehr benutzte CDs und leg sie aufeinander. Du wirst staunen, wie fest die Kraft der Adhäsion die beiden CDs zusammenhält.

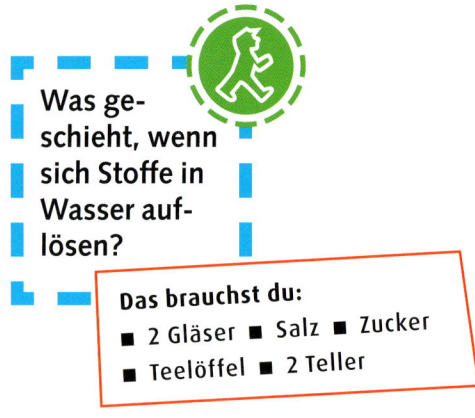

Was geschieht, wenn sich Stoffe in Wasser auflösen?

Das brauchst du:
- 2 Gläser ■ Salz ■ Zucker
- Teelöffel ■ 2 Teller

Büroklammern, die du ins Wasser legst, sind danach immer noch zu sehen. Doch was geschieht, wenn du Zucker oder Salz ins Wasser streust?

So geht's:

Füll beide Gläser mit lauwarmem Wasser. Schütte ins erste Glas einen Teelöffel voll Salz, ins zweite Glas die gleiche Menge Zucker und rühre um. Nach und nach verschwinden die weißen Kristalle und das Wasser ist so klar wie zuvor. Dennoch hat es sich verändert. Probier ein bisschen davon: Es schmeckt nun salzig oder süß. Schütte das Zuckerwasser und das Salzwasser auf je einen Teller und stell sie einige Tage auf die Heizung. Was passiert?

Das geschieht:

Zucker und Salz lösen sich in Wasser auf. Metall oder Glas dagegen behalten ihre Form. Der Grund für diese unterschiedliche Löslichkeit liegt in den Kräften zwischen den Molekülen, den kleinsten Teilchen, aus denen die Stoffe bestehen. Bei Metall oder Glas haften sie sehr fest aneinander. Bei Salz und Zucker aber ist diese Kraft nicht so stark. Deshalb können sich Wasserteilchen zwischen die Salz- oder Zuckermoleküle schieben und sie voneinander trennen. Sie schwimmen dann einzeln im Wasser umher, jedes mit einer Hülle aus Wasserteilchen. Weil sie so winzig klein sind, kannst du sie nicht mehr sehen. Aber die Geschmacksfühler auf deiner Zunge nehmen sie wahr.

Stellst du die Lösung auf die Heizung, ist das Wasser nach einiger Zeit verschwunden und der Teller von einer Schicht Zucker- bzw. Salzkristallen bedeckt. Durch die Wärme ist das Wasser verdunstet: Die kleinen Wasserteilchen sind in die Luft verschwunden. Die Zucker- und die Salzteilchen mussten dagegen zurückbleiben und haben sich wieder zu Kristallen verbunden.

Zucker oder Salz

① ② ③ ④

? Schon gewusst?

Die meisten Stoffe lösen sich in warmem Wasser besser und in größerer Menge als in kaltem. Denn in warmem Wasser bewegen sich die Wasserteilchen schneller. Sie können sich also auch besser zwischen die Moleküle schieben und diese voneinander trennen.

Schon gewusst?

Viele Stoffe bilden ganz typische Kristallformen. Kristalle entstehen, wenn sich die kleinsten Teilchen eines Stoffes, die Moleküle, geordnet zusammenlegen – zum Beispiel beim Auskristallisieren aus einer Lösung. Je langsamer diese Kristallisation abläuft, desto schöner und größer werden die Kristalle.

Manche Stoffe bilden würfelförmige Kristalle, andere dagegen Nadeln, Prismen oder Oktaeder (die sehen aus wie zwei aufeinandergestellte Pyramiden).

Wie kann man große Kandiskristalle züchten?

Das brauchst du:
- 1 kg Zucker ■ ½ l Wasser ■ 2 Einmachgläser ■ Bleistift ■ Nähgarn ■ Pappe

Kristalle von Mineralien sind oft im Laufe von Hunderten von Jahren tief unten in der Erde gewachsen.

Trinkst du gern süßen Tee? Dann stell dir doch einmal Kandisbrocken zum Süßen selbst her.

So geht's:

Löse in einem großen Glas mit etwa einem halben Liter heißem Wasser (Vorsicht, verbrenn dich nicht!) so viel Zucker wie nur möglich auf. Es soll eine richtig dickflüssige Zuckerlösung entstehen.

Knote jetzt einige Nähgarnfäden an den Bleistift und leg ihn so über das Glas, dass die Fäden in die gesättigte Zuckerlösung hineinhängen. Deck die Öffnung des Glases mit der Pappe ab. Lass nun das Wasser langsam verdunsten: je langsamer, desto besser. Alle paar Tage solltest du den Bleistift hochnehmen, die Zuckerlösung in ein sauberes Glas füllen und die Fäden wieder hineinhängen.

Das geschieht:

Im Laufe einiger Tage werden sich an den Fäden und an der Glaswand kleine Zuckerkristalle bilden. Durch das Glas hindurch kannst du das Wachstum an den Fäden verfolgen. Bilden sich keine Kristalle, enthält die Lösung zu wenig Zucker. Dann erhitze sie nochmals und gib mehr Zucker dazu.

Nach und nach werden die Kristalle immer größer. Wenn sie etwa einen halben bis einen Zentimeter Durchmesser haben, nimmst du sie ab, legst sie zum Trocknen auf einen Teller und füllst sie dann in ein Gefäß – fürs nächste Teetrinken.

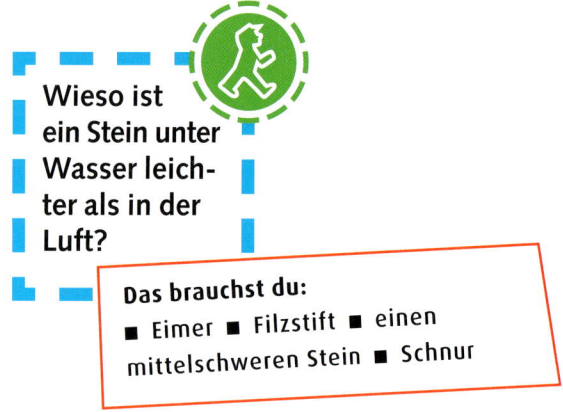

Wieso ist ein Stein unter Wasser leichter als in der Luft?

Das brauchst du:
- Eimer
- Filzstift
- einen mittelschweren Stein
- Schnur

Beim Baden ist es dir vielleicht schon einmal aufgefallen: Im Wasser fühlst du dich viel leichter als an Land. „Wasser trägt", sagt man. Wie kommt das?

So geht's:
Füll den Eimer mit Wasser und markier mit dem Filzstift die Höhe des Wasserspiegels. Binde nun den Stein an die Schnur und senk ihn ins Wasser.

Was geschieht mit dem Wasserspiegel? Er steigt natürlich, denn der Stein verdrängt ja einen Teil des Wassers. Und was spürst du an der Schnur? Der Stein wird leichter – allerdings nur scheinbar: Hebst du ihn heraus, ist er wieder genauso schwer wie vorher.

Das geschieht:
Diesen scheinbaren Gewichtsverlust nennt man „Auftrieb". Schon vor über 2000 Jahren fand der geniale griechische Naturforscher und Mathematiker Archimedes heraus, dass ein schwimmender oder im Wasser schwebender Körper genau so viel an Gewicht verliert, wie das Wasser wiegt, das er bei seinem Eintauchen verdrängt. Daher fühlst du dich auch beim Schwimmen viel leichter.

Schon gewusst?
In Flüssigkeiten hoher Dichte kann auch ein Gegenstand schwimmen, der in Süßwasser untergehen würde. Es gibt zum Beispiel Gewässer mit stark salzigem Wasser wie das Tote Meer zwischen Israel und Jordanien. In dieser Salzlösung kann selbst ein schwerer Badegast nicht untertauchen: Er bleibt wie ein Korken an der Oberfläche und kann sogar im Wasser liegend Zeitung lesen. Und auf dem flüssigen Metall Quecksilber, das 13-mal schwerer ist als Wasser, schwimmt sogar ein Brocken Granit oder eine eiserne Kanonenkugel!

So faltest du ein Schiffchen aus Alufolie:

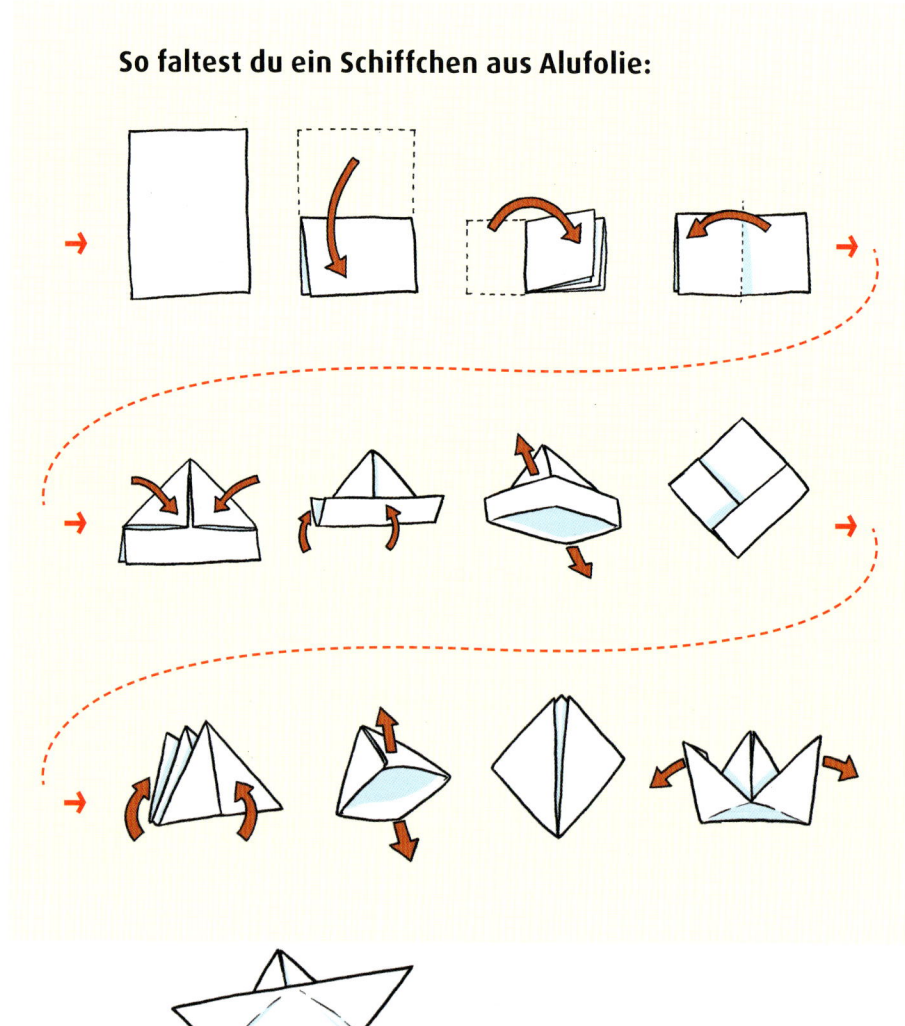

während das nur einige Gramm schwere Alukügelchen versinkt. Wichtig ist das Verhältnis zwischen dem Gewicht des Gegenstands und dem Gewicht des Wassers, das er verdrängt: Ist der Gegenstand leichter, schwimmt er. Ist er schwerer, versinkt er. Ein Stahlblock vom Gewicht eines Dampfers würde sofort untergehen. Der Dampfer ist jedoch so geformt, dass dieselbe Menge Metall einen großen Hohlraum umschließt: Er verdrängt viel mehr Wasser und bleibt so an der Wasseroberfläche – und kann sogar noch tonnenschwere Lasten transportieren.

Warum schwimmen Schiffe?

Das brauchst du:
■ Alufolie ■ Schüssel

Vielleicht hast du dich schon einmal gefragt, wie es kommt, dass ein riesiger Ozeandampfer, der noch dazu aus schwerem Metall gebaut ist, nicht untergeht. Auch das ist eine Frage des Auftriebs.

So geht's:
Form ein Schiffchen aus Alufolie und setz es in die wassergefüllte Schüssel. Es wird ohne Weiteres schwimmen.
Nimm es heraus, zerknüll es ganz fest zu einer kleinen Kugel (es sollte keine Luft mehr eingeschlossen sein) und gib diese in die Schüssel. Sie geht unter, obwohl sie doch genauso schwer ist wie vorher das Schiffchen.

Das geschieht:
Ob ein Körper schwimmt oder nicht, hängt nicht nur vom Gewicht ab. Ein Ozeandampfer wiegt Tausende von Tonnen und kreuzt über die Meere,

Schon gewusst?

Der Legende nach entlarvte Archimedes mithilfe des Auftriebs einen betrügerischen Goldschmied. Der Herrscher von Syrakus hatte dem Goldschmied eine bestimmte Menge Gold übergeben, damit er daraus eine Krone herstelle. Doch als die Krone fertig war, verdächtigte er den Goldschmied, einen Teil des Goldes für sich behalten zu haben. Zwar hatte die Krone das richtige Gewicht. Aber vielleicht war dem Gold weniger wertvolles Silber oder Kupfer beigemischt? Archimedes wusste: Ein Kilogramm Kupfer oder Silber nimmt einen größeren Raum ein als ein Kilogramm Gold. Also wog er so viel Gold ab, wie der Goldschmied für die Krone bekommen hatte, und prüfte nach, wie viel Wasser diese Menge beim Eintauchen verdrängte. Dann schaute er, wie viel Wasser die gleich schwere Krone verdrängte. Und siehe da: Es war viel mehr! Also waren dem Gold weniger wertvolle Metalle beigemischt – der Goldschmied war überführt.

Skulptur im Treptower Park in Berlin. Sie zeigt den bedeutenden Mathematiker Archimedes.

Experimente mit Wärme und Kälte

Manchmal frierst du. Manchmal ist es dir zu warm. Du spürst also Wärme und Kälte deutlich am eigenen Körper. Aber auch unbelebte Stoffe reagieren auf Temperaturveränderungen. Wasser etwa verwandelt sich plötzlich bei tiefer Temperatur in festes Eis. Beim Erhitzen dagegen verschwindet es nach und nach als Wasserdampf. Die Versuche in diesem Kapitel zeigen dir noch mehr Auswirkungen der Temperatur.

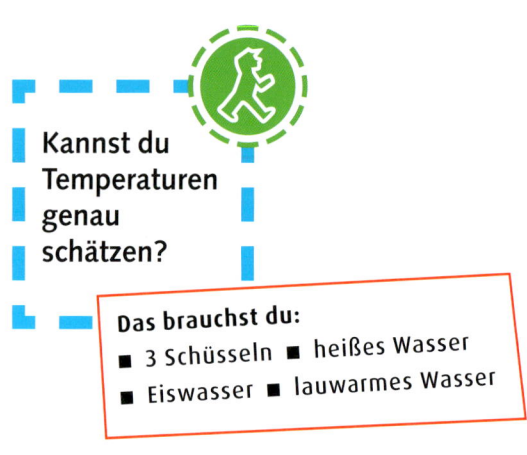

Kannst du Temperaturen genau schätzen?

Das brauchst du:
- 3 Schüsseln ■ heißes Wasser
- Eiswasser ■ lauwarmes Wasser

Du fühlst natürlich stets zuverlässig, ob etwas warm oder kalt ist. Oder? Probier es aus!

So geht's:

Stell drei Schüsseln nebeneinander auf den Tisch. Eine füllst du mit Eiswasser, eine mit ziemlich heißem Wasser (Vorsicht, verbrenn dich nicht!) und eine mit lauwarmem Wasser. Nun steckst du die linke Hand in die Schüssel mit kaltem und die rechte ins heiße Wasser. Nach einigen Sekunden tauchst du beide Hände in das Wasser der dritten Schüssel – und erlebst eine Überraschung. Die linke Hand sagt: Es ist warm. Die rechte meldet: Das Wasser ist kalt.

Schon gewusst?

Wasser kommt, wie fast jeder andere Stoff auch, in drei Zustandsformen vor: fest, flüssig und gasförmig. Welche Form vorherrscht, bestimmt die Temperatur: Bei weniger als 0 Grad Celsius ist es Eis, über 100 Grad Celsius dagegen Wasserdampf. Den Übergang von fest zu flüssig nennt man Schmelzpunkt, den von flüssig zu gasförmig Siedepunkt. Verschiedene Stoffe besitzen ganz unterschiedliche Schmelz- und Siedepunkte. Sauerstoff zum Beispiel wird bei minus 219 Grad Celsius fest, Kochsalz bei 801 Grad und Gold bei 1064 Grad. Dafür siedet Sauerstoff schon bei minus 183 Grad, bei 1465 Grad verdampft Kochsalz, bei 2856 Grad Gold.

Das geschieht:

Zum Schätzen der Temperatur ist unser Körper offensichtlich ziemlich ungeeignet. Denn die Fühler in der Haut messen nicht die wirklichen Temperaturen, sondern nur, ob es kälter oder wärmer wird. Die Physiker haben daher schon vor einigen Jahrhunderten ein Instrument erfunden, um die Temperatur genauer messen zu können: das Thermometer.

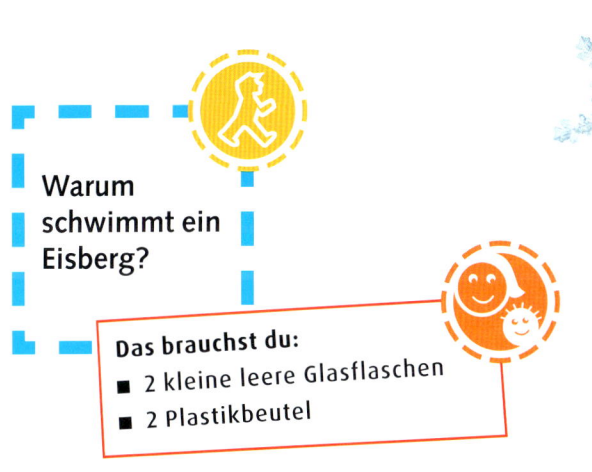

Warum schwimmt ein Eisberg?

Das brauchst du:
- 2 kleine leere Glasflaschen
- 2 Plastikbeutel

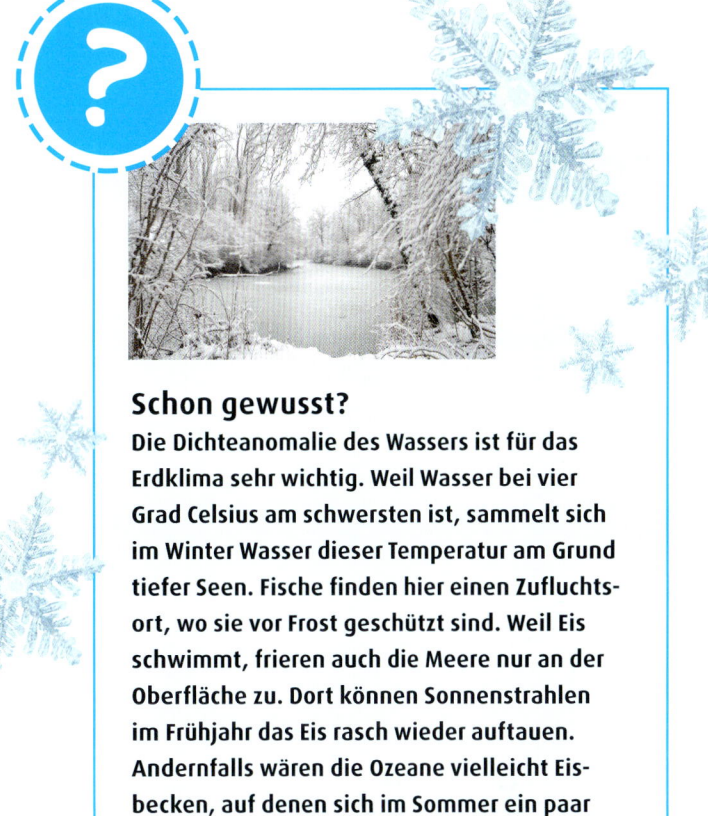

Schon gewusst?

Die Dichteanomalie des Wassers ist für das Erdklima sehr wichtig. Weil Wasser bei vier Grad Celsius am schwersten ist, sammelt sich im Winter Wasser dieser Temperatur am Grund tiefer Seen. Fische finden hier einen Zufluchtsort, wo sie vor Frost geschützt sind. Weil Eis schwimmt, frieren auch die Meere nur an der Oberfläche zu. Dort können Sonnenstrahlen im Frühjahr das Eis rasch wieder auftauen. Andernfalls wären die Ozeane vielleicht Eisbecken, auf denen sich im Sommer ein paar Seen bilden. Leben wäre dann nicht möglich.

Sicher hast du schon einmal von der Katastrophe der „Titanic" gehört. Dann weißt du auch, dass Eis schwimmt – und sogar ziemlich gefährlich werden kann. Denn der Luxusliner, der als unsinkbar galt, wurde 1912 von einem gewaltigen Eisberg gerammt. Doch warum schwimmt eine so riesige, tonnenschwere Masse Eis?

So geht's:

Füll die beiden Flaschen mit Wasser, verschließ eine davon, umhüll beide Flaschen mit Plastikbeuteln und stell sie aufrecht ins Eisfach des Kühlschranks. Am nächsten Tag wird die verschlossene Flasche gesprungen sein (Vorsicht, schneide dich nicht an den Scherben!). Aus der anderen ragt ein Eiszapfen nach oben.

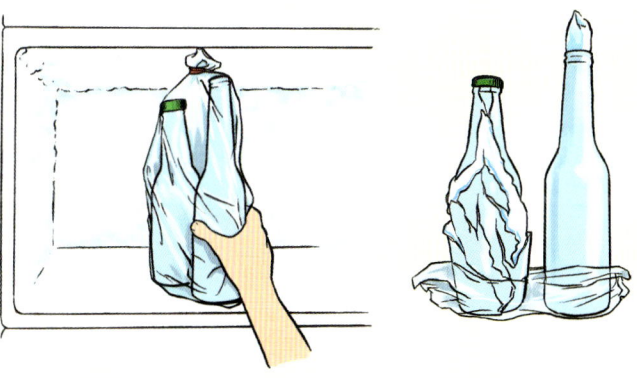

Das geschieht:

Das Wasser hat sich beim Gefrieren ausgedehnt und dabei so viel Kraft entwickelt, dass es die verschlossene Flasche gesprengt hat.
Fast alle Stoffe dehnen sich beim Erwärmen aus und ziehen sich beim Abkühlen zusammen. Doch Wasser ist eine Ausnahme. Bis zu einer Temperatur von vier Grad Celsius zieht es sich beim Abkühlen zusammen. Unter vier Grad Celsius aber dehnt es sich wieder aus, beim Gefrieren sogar schlagartig um etwa ein Zehntel seines Volumens. Diese ungewöhnliche Eigenschaft nennt man die „Dichteanomalie" des Wassers. „Anomalie" kommt aus dem Griechischen und bedeutet „Abweichung von der Regel". Weil die gleiche Menge Wasser in Form von Eis einen größeren Raum einnimmt, ist Eis leichter als flüssiges Wasser; daher schwimmen Eiswürfel und Eisberge oben.

Warum verbrennt man sich am Tee so leicht die Zunge?

Das brauchst du:
- hohes Einmachglas
- kleines Glas ■ heißes Wasser ■ Bindfaden
- Wasserfarbe oder Tinte

Es ist schon lästig: An den ersten Schlucken Tee verbrennt man sich ganz leicht die Lippen oder die Zunge. Das hat einen guten Grund.

So geht's:

Füll das große Einmachglas mit kaltem Wasser. An das kleine Glas bindest du den Bindfaden fest an. Dann füllst du es mit heißem Wasser (Vorsicht, verbrenn dich nicht!), dem du etwas Farbe aus dem Malkasten oder etwas Tinte beimischst. Häng das kleine Glas mit dem Bindfaden rasch und vorsichtig in das große hinein, bis es auf dessen Boden steht, und beobachte, was geschieht. Das gefärbte heiße Wasser steigt auf und sammelt sich an der Oberfläche.

Das geschieht:

Heißes Wasser ist leichter als kaltes, daher steigt es empor. Auch in deiner Teetasse ist der heißeste Tee immer oben. Wenn du pustest und ihn abkühlst, sinkt der kühlere Tee nach unten, dafür strömt von dort heißer nach.

Schon gewusst?

Im Frühsommer ist das Wasser in Seen oft nur an der Oberfläche warm, darunter aber recht kalt. Das liegt daran, dass das Wasser vom Winter her insgesamt kalt ist und die Sonne nur die oberen Schichten erwärmt. Warmes Wasser aber ist leichter als kaltes und bleibt daher oben liegen – es durchmischt sich kaum.

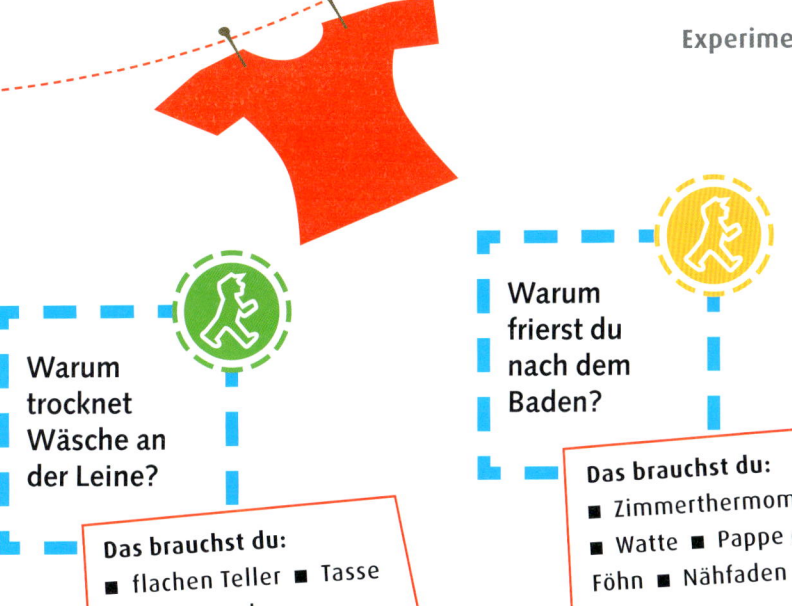

Warum trocknet Wäsche an der Leine?

Das brauchst du:
- flachen Teller ■ Tasse
- engen Becher

Warum frierst du nach dem Baden?

Das brauchst du:
- Zimmerthermometer
- Watte ■ Pappe oder Föhn ■ Nähfaden

Schon gewusst?
Schwitzen zeigt an, dass es deinem Körper zu heiß ist. Um sich zu kühlen, befeuchtet er die Haut. Das Wasser dazu quillt aus winzigen Poren in der Haut; wir nennen es Schweiß. Der Schweiß verdunstet und verbraucht dabei Wärme. Durch Fächeln kannst du das Verdunsten beschleunigen und dich noch schneller abkühlen. Viele Tiere können übrigens nicht schwitzen. Hunde zum Beispiel besitzen auf ihrer Haut keine Schweißdrüsen. Sie wären unter dem Fell auch nicht sehr wirksam. Wenn es heiß ist, nutzen sie ihre Zunge, um Wasser zu verdunsten und sich etwas Kühlung zu verschaffen: Sie hecheln.

Wäschetrockner sollte man sparsam verwenden, weil sie sehr viel Strom brauchen. Besser ist es, die frisch gewaschene Wäsche an die Wäscheleine zu hängen. Doch warum wird sie dort eigentlich trocken? Sicher nicht nur, weil das Wasser unten heraustropfen kann.

So geht's:
Gieß genau zehn Teelöffel Wasser auf den Teller, die gleiche Menge in die Tasse und in den Becher. Stell die Gefäße nebeneinander in einen warmen Raum und sieh von Zeit zu Zeit nach, was geschieht.
Nach einigen Stunden wird das Wasser vom Teller verschwunden sein, während die Tasse noch Wasser enthält. Zuletzt wird das Wasser aus dem engen Becher verschwinden.

Das geschieht:
Wasser verflüchtigt sich nach und nach in die Luft; dieser Vorgang heißt „Verdunstung". Am schnellsten verdunstet das Wasser dort, wo die Luft die größte Wasserfläche berührt. Deshalb hängt man Wäsche zum Trocknen auf. Die große Oberfläche und der darüberstreichende Wind lassen das Wasser verdunsten.

Ein Freibad an einem windigen Tag ist nicht jedermanns Sache. Selbst wenn die Luft eigentlich warm ist – kaum steigt man aus dem Wasser, fröstelt man. Woran liegt das?

So geht's:
Binde um ein Zimmerthermometer etwas Watte und befeuchte sie mit Wasser von Zimmertemperatur. Fächle nun einige Minuten mit einem Stück Pappe oder blas mit einem Föhn (auf kühler Stufe) Luft dagegen. Die Temperaturanzeige sinkt: Beim Verdunsten verbraucht das Wasser Wärme.

Das geschieht:
Ebenso ist es, wenn du aus dem Schwimmbecken steigst: Dann verdunstet das Wasser auf deiner Haut und entzieht ihr Wärme – du frierst. Übrigens kann man durch Zuführen von Wärme das Verdunsten beschleunigen – das machst du, wenn du etwa nasse Kleidung an die Heizung hängst.

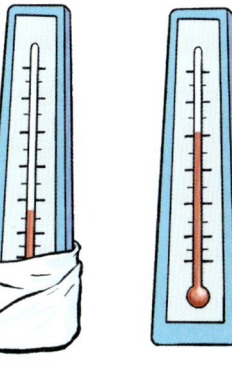

Wasser kondensiert

Schon gewusst?

Luft enthält fast immer Wasserdampf. Er stammt vor allem aus den Meeren, an deren Oberfläche sehr viel Wasser verdunstet, aber auch von Seen, Flüssen und Pflanzen, die viel Wasserdampf abgeben. Auch Menschen und Tiere atmen Wasserdampf aus. Kühlt die Luft ab, kondensiert der Wasserdampf zu feinen Tröpfchen, die später Wolken bilden. Kleine Tropfen vereinigen sich zu größeren, und wenn diese so schwer sind, dass sie herabfallen, regnet es. Bei Kälte bilden sich statt Tropfen Eiskristalle: Es schneit.

Kann man aus der Luft Wasser gewinnen?

Das brauchst du:

- Glas
- Eiswürfel
- Lupe

Ein warmer Tag, ein kühles Eis oder Getränk im Glas – und schon nach wenigen Minuten ist das Glas an der Außenseite feucht. Sicher ist das Wasser nicht durchs Glas hindurchgesickert. Woher kommt es aber dann?

So geht's:

Gib in das Glas einige Eiswürfel und etwas kaltes Wasser, aber achte darauf, dass die Außenseite des Glases dabei trocken bleibt. Pass genau auf, was geschieht. Nach einigen Minuten zeigt sich eine feine Trübung an der Glaswand. Unter der Lupe siehst du schon einzelne Tröpfchen. Nach und nach werden sie größer, rinnen vielleicht zum Teil herab. Der Geschmackstest zeigt: Es ist Wasser. Es kann nur aus der Luft kommen.

Das geschieht:

Tatsächlich enthält Luft fast immer unsichtbaren Wasserdampf. An kalten Stellen verdichtet er sich zu kleinen Tröpfchen und schlägt sich nieder. Man nennt diesen Übergang von gasförmig zu flüssig „Kondensation". Ebenso kondensiert Wasser aus der warmen Zimmerluft übrigens auch an der kalten Fensterscheibe.

Wie reagiert ein Tannenzapfen auf die Luftfeuchtigkeit?

Das brauchst du:

- Tannenzapfen

So geht's:

Beobachte einen Tannenzapfen, den du im Wald aufgesammelt hast, mehrere Tage lang bei wechselndem Wetter. Leg ihn dann für einige Minuten auf die warme Heizung. Wie sieht er jetzt aus? Und wie verändert er sich nach einiger Zeit im feuchtwarmen Badezimmer?

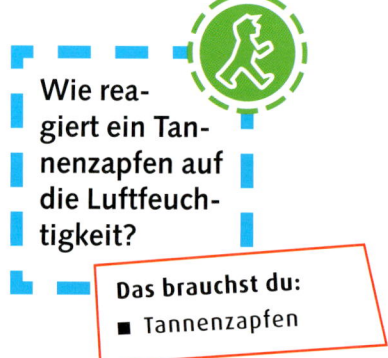

Das geschieht:

Tannenzapfen spüren sehr genau, wie feucht die Luft gerade ist. Bei großer Luftfeuchtigkeit schließen sie ihre hölzernen Schuppen, um den darin enthaltenen Samen vor Regen zu schützen. Bei trockener Luft dagegen öffnen sie sich weit, damit der Wind den Samen fortblasen kann.

Schon gewusst?

Wie viel Wasserdampf die Luft speichern kann, hängt von ihrer Temperatur ab. Bei 20 Grad Celsius sind es 17 Gramm in 1000 Litern Luft, bei 10 Grad nur noch knapp 10 Gramm und bei 0 Grad sogar nur noch 5 Gramm. Kalte Luft kann also viel weniger Wasserdampf aufnehmen als warme Luft – sie ist früher mit Wasserdampf „gesättigt".

Darum scheiden sich Wassertröpfchen ab, wenn wasserdampfgesättigte, warme Luft abkühlt, zum Beispiel am kalten Fenster oder nachts (dann gibt es Nebel).

Wie baut man ein Messgerät für die Luftfeuchtigkeit?

Das brauchst du:
- langes Haar ■ Reißnagel oder Nadel ■ Papier ■ Pappe ■ Schere ■ Klebeband ■ Stift

Ähnlich wie der Tannenzapfen reagiert auch Menschenhaar auf die Luftfeuchtigkeit: Bei feuchter Luft dehnt es sich aus, bei trockener zieht es sich zusammen. Diesen Effekt kannst du nutzen, um ein Anzeigegerät für die Luftfeuchtigkeit zu bauen.

So geht's:

Schneide aus Papier einen Zeiger und befestige ihn mit Nadel oder Reißnagel an einem kräftigen Zeichenkarton. Achte darauf, dass der Zeiger leicht beweglich ist. An der Spitze des Zeigers befestigst du ein etwa 20 Zentimeter langes Haar. Es sollte unbedingt fettfrei sein – wasch es zur Sicherheit vorher mit Seife. Das andere Ende des Haars machst du mit Klebstreifen an der Pappe fest, sodass der Zeiger etwa waagrecht steht. An einem besonders trockenen Tag markierst du die Stelle, auf die der Zeiger weist, mit „trocken". An einem nebligen oder regnerischen Tag weist der Zeiger auf einen tieferen Punkt; diesen markierst du mit „feucht".

Das geschieht:

An trockenen Tagen zieht sich das Haar zusammen, an regnerischen dehnt es sich aus. Du kannst dieses kleine Gerät wie ein Barometer benutzen, um das Wetter vorauszusagen: Trockene Luft bedeutet schönes Wetter; nahen dagegen feuchte Luftmassen heran, ist bald mit Regen zu rechnen.

Warum sausen Tropfen so schnell über die Herdplatte?

Das brauchst du:
■ Elektroherd

Vorsicht! Verbrenn dich nicht an der heißen Herdplatte! Vergiss nicht, die Platte nach dem Versuch wieder abzuschalten!

So geht's:
Lass eine Herdplatte ordentlich heiß werden. Tropf dann etwas Wasser darauf. Die Tropfen verdampfen nicht sofort, sondern schwirren zischend umher.

Das geschieht:
An der Grenzfläche zwischen Tropfen und Herdplatte verdampft das Wasser sofort. Der dabei entstehende Wasserdampf aber verhindert den

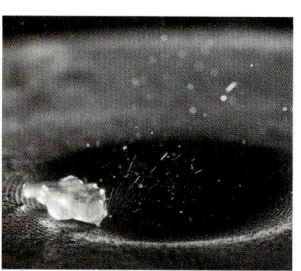

Wärmeübergang von der Platte zum restlichen Tropfen. Dafür hebt er die Tropfen etwas hoch und sorgt wie ein Luftkissen für geringe Reibung. So können sie auf diesem Dampfkissen frei umherflitzen.

Schon gewusst?
Wasser vergrößert sein Volumen beim Verdampfen mehr als tausendfach. Ein Liter Wasser ergibt nämlich über 1000 Liter Dampf, der sich mit großer Kraft ausdehnt. Kein Wunder also, dass Wasserdampf zum Beispiel in Kraftwerken riesige Turbinen antreibt oder in der Dampflokomotive sogar schwere Züge in Bewegung bringen kann.

Wie breitet sich Wärme aus?

Das brauchst du:
■ je einen Löffel aus Metall, Kunststoff und Holz ■ 3 Linsen ■ Butter ■ Glas

So geht's:
Kleb mit etwas Butter auf jeden Löffel eine Linse, jeweils in gleicher Höhe. Stell die Löffel in ein Glas und füll es zur Hälfte mit heißem Wasser (Vorsicht, verbrenn dich nicht!). Achte dabei darauf, die Linsen nicht zu berühren. Welche Linse fällt zuerst herab, weil die Butter geschmolzen ist?

Das geschieht:
Wärme, so zeigt der Versuch, scheint ähnlich wie Wasser zu fließen: Sie wandert langsam durch die Löffel nach oben. Allmählich steigt dort die Temperatur. Wenn es warm genug ist und die Butter schmilzt, fällt die Linse herunter. Doch nicht alle Stoffe leiten Wärme gleich gut. In Metall kann die Wärme recht gut fließen, in anderen Stoffen wie Holz und Plastik dagegen deutlich schlechter.

Schon gewusst?

In der Wüste Sahara ist es zwar tagsüber oft sehr warm, nachts jedoch ziemlich kalt. Die Temperatur kann dann sogar unter 0 Grad Celsius sinken, obwohl tagsüber im Schatten vielleicht 40 Grad herrschen. Grund dafür ist die Trockenheit: Es gibt kein Wasser, das die Temperaturen ausgleichen würde. Der Boden heizt sich zwar tagsüber stark auf, kühlt nach Sonnenuntergang aber ebenso rasch wieder ab. Und außerdem ist der Himmel frei von Wolken, die nachts die Wärme zurückhalten könnten.

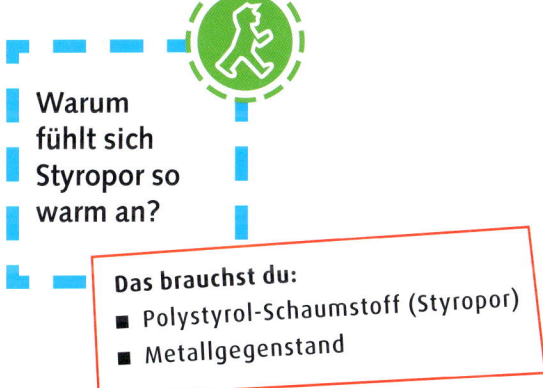

Warum fühlt sich Styropor so warm an?

Das brauchst du:
- Polystyrol-Schaumstoff (Styropor)
- Metallgegenstand

So geht's:
Leg einen Metallgegenstand und ein Stückchen Styropor eine Nacht lang ins gleiche Zimmer. Sie besitzen dann sicher die gleiche Temperatur. Fass beide an. Das Metall fühlt sich kühl an, das Styropor dagegen warm.

Das geschieht:
Grund dafür ist nicht die Temperatur, sondern die unterschiedliche Fähigkeit, Wärme zu leiten. Metall leitet die Hautwärme schnell ab, die Hand kühlt ab und fühlt sich daher kühl an. Styropor dagegen leitet die Hautwärme schlecht ab und vermittelt

der Hand deshalb ein Gefühl der Wärme. Wegen seiner geringen Wärmeleitfähigkeit eignet es sich sehr gut zum Isolieren: Hauswände, die mit einer Schicht Styropor belegt sind, leiten viel weniger Wärme nach außen und sparen teure Heizenergie.

Warum erwärmt sich das Meer nur so langsam?

Das brauchst du:
- 2 flache Teller ■ trockenen Sand ■ Lampe
- eventuell ein Zimmerthermometer

Viele Leute baden lieber im Herbst als im Frühjahr im Meer, weil das Wasser dann wärmer ist. Aber am Strand kann es im Frühling bei schönem Wetter schon ziemlich heiß werden. Wie kommt das?

So geht's:
Füll einen Teller mit Sand, den anderen mit Wasser und stell beide nebeneinander so unter eine Nachttisch-, Schreibtisch- oder Rotlichtlampe, dass sie gleich stark beschienen werden. Kontrolliere im Abstand weniger Minuten mit dem Thermometer die Temperatur oder fühl sie mit der Hand. Während sich das Wasser unter der Wärme der Lampe nur langsam aufheizt, ist der Sand zumindest an der Oberfläche bald schön warm. Nimm nach einiger Zeit die Lampe weg und verfolge wieder die Temperaturen. Der Sand hat sich nach einigen Minuten schon abgekühlt, während das Wasser noch länger warm bleibt.

Das geschieht:
Bei Sand reicht eine viel kleinere Wärmemenge als bei Wasser, um die Temperatur um einen bestimmten Wert zu erhöhen. Dasselbe gilt auch für Erde. Daher erwärmt sich das Festland unter der Frühjahrssonne recht rasch, während das Meer noch kalt ist. Umgekehrt bleibt das Wasser im Herbst oft noch warm, während schon kalte Stürme übers Land brausen.

Warum tragen wir im Sommer gern helle Kleidung?

Im Sommer tragen viele Leute gern Weiß oder zumindest helle Farben. Und in einem dunklen Auto, das in der Sonne stand, ist die Hitze oft fast unerträglich. Das hat einen guten Grund.

So geht's:

Füll die beiden Dosen mit Wasser und stell sie nebeneinander in den prallen Sonnenschein. Prüf nach einigen Stunden die Wassertemperaturen mit dem Thermometer oder notfalls mit dem Finger. Das Wasser in der schwarzen Dose ist deutlich wärmer.

Das geschieht:

Das Licht der Sonne erwärmt die Gegenstände, auf die es trifft. Dunkle Gegenstände aber verschlucken mehr Licht als helle und heizen sich daher stärker auf. Weiße Gegenstände dagegen werfen einen großen Teil der auftreffenden Sonnenstrahlen zurück – deshalb blenden sie auch im Auge – und bleiben daher kühler.

Warum wärmt Kleidung überhaupt?

So geht's:

Füll die beiden Milchflaschen mit heißem Wasser (Vorsicht, verbrenn dich nicht!). Umhüll die eine möglichst vollständig mit dem Wollschal und lass die beiden Flaschen nebeneinander stehen. Prüf nach etwa einer Stunde mit der Hand die jeweiligen Wassertemperaturen. Das Wasser in der umhüllten Flasche ist wärmer.

Das geschieht:

Ein warmer Gegenstand gibt nach und nach seine Wärme an die kühlere Umgebung ab. Stoff aber bremst diese Wärmeableitung. Er enthält nämlich viele kleine Hohlräume, die mit Luft gefüllt sind. Und Luft ist ein schlechter Wärmeleiter. Daher stellen wir auch unsere Kleidung aus Stoffen her: Sie bremsen den Abfluss der Körperwärme und halten uns warm.

Wie kann man sogar im Sommer große Kälte erzeugen?

Das brauchst du:
- Geschirrtuch ■ Hammer ■ große Schüssel ■ kleine Plastikschüssel
- Salz ■ mehrere Eiswürfelformen oder fertige Eiswürfel aus dem Supermarkt
- hölzernen Kochlöffel ■ Schneebesen
- Fruchtsaft ■ Zucker ■ Sahne

Ein Experiment, das an einem richtig heißen Tag besonders Spaß macht – und leckeres Speiseeis liefert!

? Schon gewusst?

Gestrickte Wollsachen wärmen vor allem deshalb so gut, weil sie so viele kleine Luftkammern enthalten. Sie halten die Körperwärme besser zurück als glatte Baumwoll- oder Leinenkleidung. Für mehr Wärme sorgen auch mehrere Kleidungsschichten übereinander, weil sich dazwischen Luftpolster bilden.

So geht's:

Stell zunächst möglichst viele Eiswürfel her, indem du Wasser in Eiswürfelformen im Gefrierfach erstarren lässt. Oder du besorgst dir einen Beutel mit fertigen Eiswürfeln.

Für die Speiseeismischung verrührst du 100 Milliliter Fruchtsaft gründlich mit zwei Esslöffeln Sahne, süßt nach Geschmack und stellst die Mischung zunächst in den Kühlschrank.

Wickle nun die Eiswürfel in ein sauberes Geschirrtuch ein, leg es auf einen alten Tisch oder einen robusten Fußboden und schlag die Eiswürfel mit der Breitseite des Hammers in kleine Stücke. Füll den entstandenen Eisbrei in die große Schüssel und gib ein bis zwei Tassen Kochsalz dazu. Verrühre alles gründlich mit dem Kochlöffel.

Wenn du ein geeignetes Thermometer hast, kannst du die Temperatur dieser Mischung messen: Sie sinkt deutlich unter null Grad Celsius. Man nennt so etwas daher eine Kältemischung. Füll nun die Speiseeismischung in die Plastikschüssel, tauch diese in die Schüssel mit der Kältemischung und rühr sie in den nächsten ca. 30 Minuten mit dem Schneebesen, bis sie zu zähflüssigem Speiseeis geworden ist. Das stete Rühren verbessert die Eisqualität, weil es die Bildung großer, klarer Eiskristalle verhindert. Füll notfalls Eisbrei nach, wenn die Kältemischung nicht ausreicht.

Das geschieht:

Salzwasser friert erst bei viel tieferen Temperaturen als reines Wasser. Daher bringt Salz das Eis zum Schmelzen. Dabei aber wird Wärme verbraucht. Deshalb kühlt sich die Flüssigkeit kräftig ab; sie kann auf minus zehn Grad Celsius kommen. Kein Wunder also, dass die Speiseeismischung gefriert!

Experimente mit Schall

In einer Welt ohne Schall würde dir vieles entgehen: Du könntest niemanden sprechen hören, kein Vogel würde für dich singen, du müsstest auf Musik verzichten und keine Geräusche würden dich warnen. Also eine öde Welt, vielleicht sogar gefährlich. Doch was ist Schall eigentlich?

Was ist Schall?

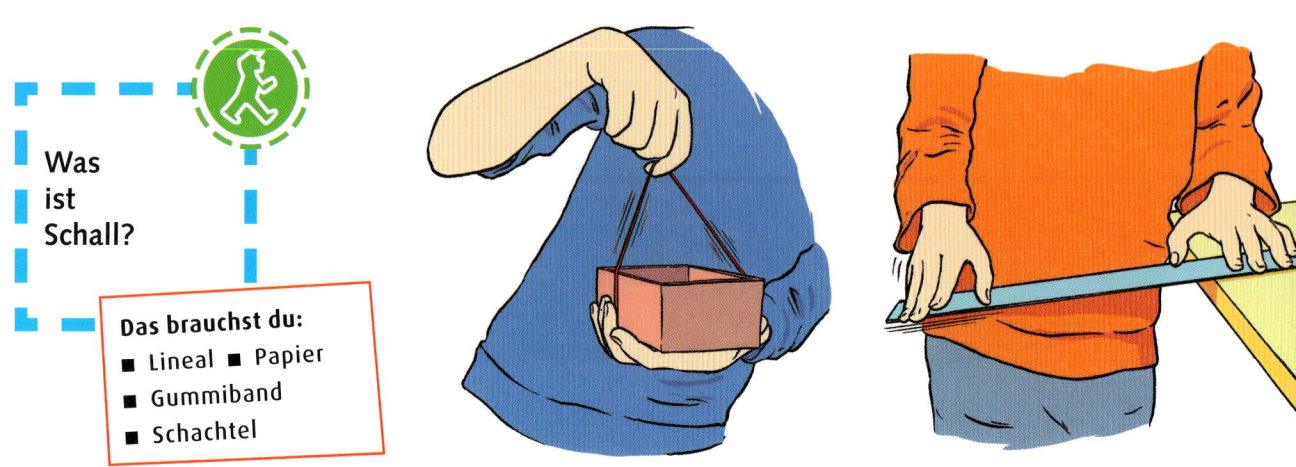

Das brauchst du:
- Lineal ■ Papier
- Gummiband
- Schachtel

So geht's:

Leg ein Lineal so auf den Tisch, dass das eine Ende an der Kante übersteht. Solange das Lineal ruhig liegt, hörst du nichts.

Halte das Lineal nun mit einer Hand gut fest und schlag mit der anderen leicht auf das freie Ende. Achte genau auf das, was du hörst und siehst. Spann ein Gummiband über eine leere Schachtel und zupf daran.

Was geschieht mit dem Gummiband? Was hörst du? Halte ein Stück Papier gegen deine Lippen und puste dagegen. Was hörst du, was fühlst du? Beobachte eine gezupfte Gitarren- oder Geigensaite und eine geschlagene Trommel. Was fällt dir auf?

Das geschieht:

Immer wenn ein Ton zu hören ist, bewegt sich etwas hin und her. Je schneller, desto höher der Ton. Schall wird durch Vibrationen, durch Schwingungen erzeugt. Der schwingende Gegenstand, sei es nun eine Geigensaite oder die Membran eines Lautsprechers, eine Autohupe oder die Stimmbänder in der Kehle, bringt die Luft um sich herum ebenfalls zum Schwingen. Er erzeugt Schallwellen, die sich in der Luft ausbreiten – wie ein ins Wasser geworfener Stein Wasserwellen erzeugt, die über die Wasseroberfläche wandern.

Schon gewusst?

Astronauten auf dem Mond können sich nicht wie wir durch Schallwellen verständigen. Denn dort gibt es keine Luft und damit auch keinen Träger für die Schallwellen. Selbst eine Explosion wäre auf dem Mond praktisch nicht zu hören; man könnte sie höchstens fühlen, weil der Mondboden die Schallwellen leitet. Deshalb verständigen sich die Astronauten mit Funkgeräten.

Wird Schall auch durch andere Stoffe weitergeleitet?

Das brauchst du:
- Tisch ■ Holzlöffel
- Bindfaden
- Löffel aus Metall

So geht's:

Setz dich an einen Tisch mit einer Holzplatte. Klopf ganz leicht mit einem Holzlöffel auf den Tisch und achte genau auf den Schall. Leg nun deinen Kopf langsam auf die Platte und klopf dabei immer weiter. Achte besonders darauf, wie sich das Klopfen anhört, wenn du mit einem Ohr auf der Tischplatte liegst. Wiederhole dieses Experiment mehrmals. Du wirst dann beobachten, dass der Schall lauter ist, wenn du ihn durch das Holz der Tischplatte hörst. Binde den Metalllöffel etwa auf halber Länge an den Bindfaden und drück je ein Ende des Fadens mit dem Zeigefinger an deine Ohren. Achte darauf, dass der Faden frei hängt. Nun sollen ein Freund oder eine Freundin mit dem Holzlöffel gegen den Metalllöffel schlagen. Du glaubst, Kirchenglocken zu hören.

Schon gewusst?

Meerwasser leitet Schallwellen ausgezeichnet. Wale können sich mittels Schall über Hunderte von Kilometern unter Wasser „unterhalten". Delfine benutzen Schallwellen auch, um sich unter Wasser zu orientieren und ihre Beute aufzuspüren. Sie erzeugen im Nasengang schnelle Klicklaute im Ultraschallbereich. Mit einem Fettkissen in der Stirn, der „Melone", bündeln sie den Schall und suchen damit wie mit einem Scheinwerfer ihre Umgebung ab. Die von dort zurückgeworfenen Echos gelangen über das Innenohr zum Gehirn, das aus den Schallsignalen ein räumliches Bild erzeugt. Delfine können auf diese Weise sogar millimeterfeine Drähte im Wasser orten.

Das geschieht:

Holz leitet den Schall, das zeigt der erste Versuch. Es leitet ihn sogar noch besser als Luft. Allerdings liegt das nicht am Holz selbst. Grund ist vielmehr, dass sich der im Holz wandernde Schall nicht zerstreut – im Gegensatz zum Schall in der Luft, der das ganze Zimmer erfüllt. Im zweiten Versuchsteil leitet der Faden den Schall zu deinen Ohren; auch hier zerstreut sich der Schall dadurch nicht.

Wie kann man ein stromloses Telefon basteln?

Das brauchst du:
- Schlauch (etwa 5 m lang, 10 mm Innendurchmesser)

Elektrische Telefone gibt es erst seit rund 140 Jahren. Aber schon davor kannten die Menschen einen Trick, um sich über gewisse Entfernungen zu unterhalten, ohne schreien zu müssen. Selbst die Römer kannten ihn schon.

So geht's:

Sprich in das eine Ende des Schlauchs. Das andere halte dir ans Ohr – oder lass einen Freund daran lauschen.

Ihr könnt euch gut verständigen: Selbst leises Flüstern überträgt der Schlauch noch gut – fast wie ein Telefon. Der Schlauch könnte sogar noch ein ganzes Stück länger sein und eine Röhre mit glatten Wänden würde den Schall noch weiter leiten.

Das geschieht:

Der Versuch zeigt, dass auch Luft den Schall gut leitet. Aber eben nur, wenn die Schallwellen beisammenbleiben und sich nicht über einen großen Raum verteilen können. In manchen römischen Palästen soll es übrigens geheime Schallröhren gegeben haben, durch die der Herrscher heimlich die Gespräche seiner Untergebenen mithören konnte.

Wie lässt sich Schall bündeln?

Das brauchst du:
- großen Plastiktrichter

So geht's:

Halte dir den Hals des Plastiktrichters ans Ohr (Vorsicht, nicht in den Gehörgang hineinstecken!). Du hörst Geräusche aus der Richtung der Trichteröffnung lauter, die anderen deutlich leiser. Der Schalltrichter funktioniert auch umgekehrt: Sprichst du in die kleine Öffnung hinein, bündelt der Trichter den Schall und strahlt ihn nur in die gewünschte Richtung – und damit lauter – ab.

Das geschieht:

Der Trichter fängt den Schall mit seiner großen Öffnung auf und leitet ihn in den kleinen Hals weiter.
Als es noch keine elektrischen Hörgeräte gab, behalfen sich Schwerhörige oft mit derartigen Hörrohren. Schalltrichter wie im zweiten Versuchsteil hat man früher als „Flüstertüten" in der Seefahrt verwendet, um von einem Schiff zum anderen zu rufen. Auch heute werden Schalltrichter, sogenannte Megafone, noch benutzt, zum Beispiel bei öffentlichen Versammlungen.

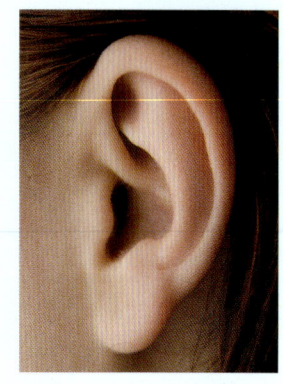

Schon gewusst?

So hörst du: Die Ohrmuschel fängt die Schallwellen auf, die durch die Luft an dein Ohr dringen, und leitet sie in den Gehörgang. Geschützt im Ohr sitzt eine feine Membran: das Trommelfell. Selbst schwache Luftschwingungen bringen es zum Vibrieren. Auf der Innenseite des Trommelfells befinden sich winzige Knöchelchen. Sie leiten seine Bewegungen an feine Sinneshärchen tief im Ohrinnern weiter und diese schicken dann Nervenreize zum Gehirn.

Wie kann man mit Gläsern Musik machen?

Das brauchst du:
- 8 dünnwandige Weingläser ■ Bleistift

So geht's:

Füll ein dünnwandiges Weinglas zur Hälfte mit Wasser und fahr mit deinem sauberen, angefeuchteten Finger langsam über den Glasrand. Es entsteht ein singender Ton. Probier ein paar Mal mit unterschiedlich feuchtem Finger.

Wenn du acht Weingläser nebeneinanderstellst und sie durch unterschiedliche Wasserfüllung auf die Töne der Tonleiter stimmst, kannst du darauf mit dem Bleistift kleine Lieder spielen – oder auch mit deinem nassen Finger.

Versuch einmal, zwei nebeneinanderstehende Gläser auf die exakt gleiche Tonhöhe zu trimmen, indem du tropfenweise die Wasserfüllung veränderst. Wenn du dann eines in Schwingungen versetzt, vibriert auch der Wasserspiegel des anderen.

Das geschieht:

Der Ton entsteht dadurch, dass dein Finger über winzige Unebenheiten des Glases reibt und es dadurch zum Schwingen anregt. Die Tonhöhe hängt von Größe, Form und Glaswanddicke und von der Wassermenge im Glas ab.

Im zweiten Versuchsteil schwingt das zweite Glas mit dem ersten mit. Dieses Mitschwingen zweier Gegenstände, die auf die gleiche Tonlage abgestimmt sind, nennt man „Resonanz".

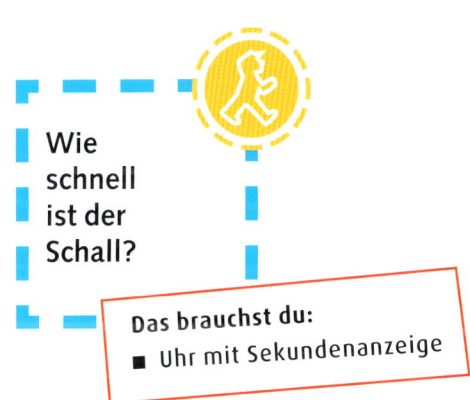

Wie schnell ist der Schall?

Das brauchst du:
- ■ Uhr mit Sekundenanzeige

Schall ist sehr schnell, aber für größere Entfernungen braucht er doch eine merkliche Zeit. Mit einem Freund oder einer Freundin zusammen kannst du messen, wie rasch sich Schallwellen ausbreiten.

So geht's:

Schreitet eine Entfernung von etwa 300 Metern ab und stellt euch in diesem Abstand voneinander auf. Dein Partner soll einen ganz kurzen Ruf ausstoßen und gleichzeitig den Arm senken. Je weiter ihr auseinandersteht, desto länger dauert es, bis der Ruf nach dem Senken des Arms bei dir ankommt. Wenn du eine Stoppuhr mit Zehntelsekunden-Anzeige besitzt und schnell reagierst, kannst du die Laufzeit des Schalls messen.

Das geschieht:

In der Luft legen Schallwellen, das haben Messungen gezeigt, etwa 340 Meter pro Sekunde zurück, je nach Temperatur. Auf diesen Wert müsstest auch du ungefähr gekommen sein. Licht breitet sich weit schneller aus als der Schall. Daher siehst du bei einem Gewitter den Blitz sofort, während der Donner etwas länger unterwegs ist. Aus dieser Verzögerungszeit kannst du den ungefähren Abstand des Gewitters berechnen – etwa drei Sekunden entsprechen einem Kilometer. Wenn du in der Nähe einen langen Drahtzaun hast, wiederhole das Experiment daran. Du wirst feststellen, dass Schall in Metallen etwa 15-mal schneller wandert.

Wie erzeugt man hohe und tiefe Töne?

Das brauchst du:
- verschiedene Gummibänder
- Holzbrett ■ Reißnägel

So geht's:

Wenn du ein Gummiband spannst und daran zupfst, gibt es einen Ton von sich. Verstärke die Spannung und zupf wieder. Der Ton ist höher. Vergleiche unterschiedlich dicke Gummibänder. Die dicksten klingen am tiefsten.

Zerschneide die Gummibänder in unterschiedlich lange Stücke. Bei gleicher Spannung geben die längsten die tiefsten Töne von sich.

Die Töne der Gummibänder sind allerdings ziemlich leise. Du kannst sie besser hörbar machen, wenn du die Gummibänder über ein Holzbrett spannst. Befestige dazu je zwei Reißnägel in immer breiter werdendem Abstand auf dem Brett, wie es die Zeichnung zeigt, und spanne dazwischen die Gummibänder.

Das geschieht:

Je kürzer ein Gummiband ist und je straffer gespannt, desto höher ist der erzeugte Ton. Im dritten Versuchsteil übertragen sich die Schwingungen auf das Brett und dessen größere Fläche versetzt auch eine größere Luftmenge in Schwingungen.

? Schon gewusst?

Eine Geige hat vier auf unterschiedliche Töne gestimmte Saiten, ebenso ein Banjo (Bluegrass-Banjos haben fünf). Eine Zither besitzt fünf Griffbrett- und 27 bis 37 Freisaiten, eine Gitarre hat sechs Saiten (manche sogar zwölf) und eine Harfe verfügt über etwa 47. Ein Klavier hat zwar nur 88 Tasten, aber rund 200 Saiten: Bei den meisten Tönen werden jeweils drei, bei den tiefen zwei gleiche Saiten angeschlagen, damit das Instrument voller klingt.

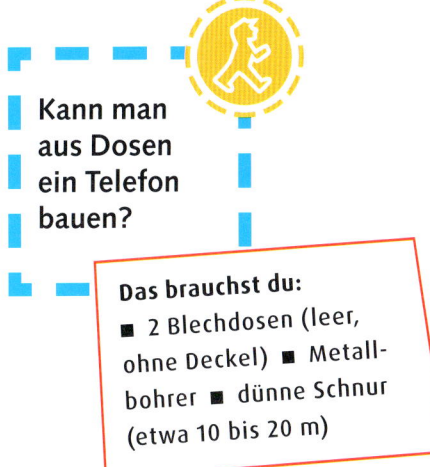

Kann man aus Dosen ein Telefon bauen?

Das brauchst du:
- 2 Blechdosen (leer, ohne Deckel) ■ Metallbohrer ■ dünne Schnur (etwa 10 bis 20 m)

Ein Handy ersetzt dieses Telefon allerdings nicht. Übrigens: Diesen Versuch machst du am besten mit einem Freund oder einer Freundin zusammen.

So geht's:

Bohr in den Boden der beiden Dosen mit einem Metallbohrer jeweils ein kleines Loch. (Wenn du keinen Bohrer hast, schlag einen kleinen Nagel durch den Dosenboden; auch das gibt ein Loch. Aber Vorsicht: Schneide dich nicht am Blech.) Steck durch jede Dose ein Ende der Schnur hindurch und verknote es innen fest. Dann nimmt jeder von euch eine Dose und ihr geht so weit auseinander, bis die Schnur straff gespannt ist.
Halte nun deine Dose ans Ohr und lass deinen Partner in seine Dose sprechen. Du hörst, etwas verzerrt, seine Stimme – aber nur, solange die Schnur straff gespannt ist. Wiederholt den Versuch, aber diesmal umgekehrt. Ihr müsst allerdings langsam und deutlich sprechen, sonst versteht ihr euch nicht.

Das geschieht:

Sprichst du in die Dose hinein, versetzen die Schallwellen den Dosenboden in Schwingungen. Sie laufen in der Schnur zum anderen Dosenboden und werden dort wieder in Luftschwingungen zurückverwandelt.

Im Prinzip arbeitet ein richtiges Telefon auch nicht viel anders, nur wird der Schall hier in elektrische Schwingungen verwandelt, die über Draht oder Funk durch die ganze Welt geschickt werden können.

Wie kann man Schall sichtbar machen?

Das brauchst du:
- Schüssel ■ Plastikfolie ■ Klebeband
- Sand ■ Alufolie ■ Taschenlampe

Bei diesem Experiment kannst du den Sound mal richtig dröhnen lassen – und das zu wissenschaftlichen Zwecken.

So geht's:

Spanne über die leere Schüssel die Plastikfolie und befestige sie mit Klebestreifen. Die Folie sollte möglichst stramm sitzen. Streu etwas Sand darauf und sing oder summ nun in Richtung Folie. Oder stell sie vor den Lautsprecher eines Radios. Weil die Folie schwingt, werden die Sandkörner im Takt der Sprache oder Musik hüpfen. Leg etwas glatte Alufolie mit der glänzenden Seite nach oben in die Mitte der Folie. Beleuchte sie schräg von oben mit der Taschenlampe und beobachte den gespiegelten Lichtfleck an Wand oder Decke des Zimmers. Er tanzt im Rhythmus der Schallwellen.

Das geschieht:

Die Folie wird vom Schall in Schwingungen versetzt und dadurch tanzen die Sandkörner oder der Lichtstrahl.

Experimente mit Licht

Unsere wichtigsten Sinnesorgane sind die Augen. Sie vermitteln die meisten Informationen, die wir im Laufe des Lebens über die Welt sammeln. Ebenso wie die Ohren für Luftschwingungen, also Schall, empfindlich sind, reagieren die Augen auf Licht: Licht, das von der Sonne oder einer Lampe stammt, zurückgeworfenes (reflektiertes) Licht vom Mond oder von den Gegenständen im Zimmer, weißes Licht, farbiges Licht. Was aber ist eigentlich Licht?

Wie breitet sich Licht aus?

Das brauchst du:
- Schreibtischlampe
- schwarzes Papier ■ Schere
- Taschenlampe

So geht's:
Schneide das schwarze Papier zu einem Viereck und schneide darin einen Stern aus. Nun dreh die Lampe so, dass sie aus etwa zwei bis drei Metern Entfernung gegen eine helle Wand scheint. Halte das schwarze Papier in einigen Zentimetern Entfernung vor die Wand.
Was siehst du? Das Papier wirft einen scharfen, viereckigen Schatten mit einem ebenso scharfrandigen Stern darin.

Das geschieht:
Licht breitet sich in geraden Linien aus, als Bündel feinster „Lichtstrahlen". Wo sie auf das schwarze Papier treffen, ist ihr Weg zu Ende. Die Strahlen, die nicht aufs Papier treffen, laufen dagegen gerade weiter bis zur Wand.
An einem nebligen Abend kannst du die Lichtstrahlen sogar sichtbar machen: Leuchte einfach mit

einer hellen Taschenlampe in den Himmel hinauf. Der Nebel macht den Lichtstrahl gut sichtbar, weil jedes Wassertröpfchen ein bisschen Licht ablenkt und streut.

Was reflektiert Licht am stärksten?

Das brauchst du:
- Taschenlampe ■ Spiegel
- weißes Papier ■ schwarzes Papier
- Buntpapier in verschiedenen Farben

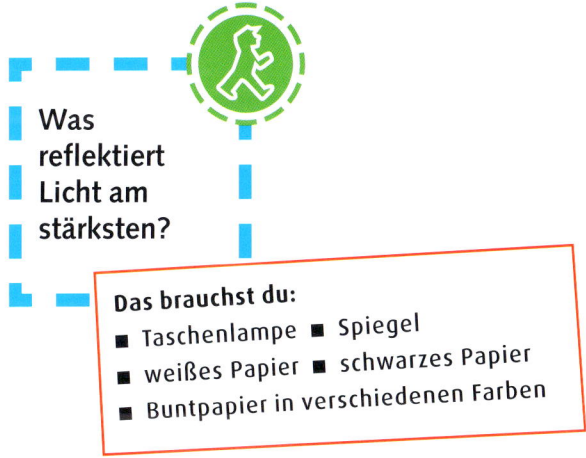

Hast du schon einmal darüber nachgedacht, warum du die vielen Gegenstände in deiner Umgebung sehen kannst? Im Gegensatz zu Sonne oder Mond oder zu einer Lampe erzeugen sie doch offenbar kein Licht. Eine brennende Taschenlampe zum Beispiel kann man auch in einem völlig abgedunkelten Raum sehen. Die vielen anderen Dinge aber sieht man im dunklen Zimmer nicht. Sie sind darauf angewiesen, dass etwas sie beleuchtet.

So geht's:

Leg die Papierblätter und den Spiegel nebeneinander auf den Tisch und verdunkle das Zimmer. Richte den Lichtstrahl der Taschenlampe auf das schwarze Papier und achte auf die Helligkeit im Zimmer. Richte dann die Taschenlampe auf das weiße Papier und achte wieder auf die Zimmerhelligkeit. Strahle das Buntpapier an und beobachte, welche Farbe das Zimmer bekommt. Leuchte schließlich auf den Spiegel. Was geschieht?

Das geschieht:

Offenbar werfen die verschiedenen Papiere und erst recht der Spiegel das aufgenommene Licht zurück. Ein Teil dieses zurückgeworfenen Lichts fällt auch in deine Augen. Nur deshalb kannst du die Gegenstände sehen. Dasselbe gilt für alle nicht selbst leuchtenden Dinge auf der Welt.

Die verschiedenen Gegenstände verhalten sich dabei aber keineswegs gleich. Das weiße Papier wirft viel Licht zurück, zerstreut es dabei aber in alle Richtungen. Das schwarze Papier wirft kaum Licht zurück, es verschluckt offenbar das meiste Licht selbst. Das Buntpapier streut das Licht ebenfalls, es macht aber zugleich aus dem weißen Licht der Taschenlampe farbiges Licht.

Der Spiegel wirft praktisch alles Licht zurück, aber er zerstreut es nicht: Die Strahlen laufen geradlinig von der Lampe zum Spiegel und dann in einer anderen Richtung weiter zur Wand. Mit einem Spiegel kannst du also die Richtung von Lichtstrahlen verändern, ohne sie sonst zu stören.

Wie kann man Lichtstrahlen sichtbar machen?

Das brauchst du:
- Schreibtischlampe oder Taschenlampe
- Kamm
- weißes Papier
- 2 Wäscheklammern

So geht's:

Stell die Schreibtisch- oder Taschenlampe so auf, dass sie in etwa einem Meter Entfernung von dir steht und zu dir leuchtet. Stell in ihren Lichtstrahl den Kamm und klemm zwei Wäscheklammern so daran, dass er von selbst stehen bleibt. Nimm dann ein Stück weißes Papier und schlage es an den Seiten so ein, dass es ebenfalls auf dem Tisch stehen kann. Es soll als Projektionsschirm dienen.
Stell jetzt den Projektionsschirm einige Zentimeter hinter dem Kamm auf. Deutlich zeichnen sich helle Lichter und dunkle Schatten darauf ab. Wenn du den Projektionsschirm weiter vom Kamm entfernst, werden die Streifen etwas verwaschener, aber ihr Abstand ändert sich nicht.

Das geschieht:

Der Versuch zeigt: Die Lichtstrahlen laufen in gleichbleibendem Abstand nebeneinander her – sie laufen „parallel".

Wie verändert ein Spiegel die Strahlrichtung?

Das brauchst du:
- Taschenlampe
- kleinen Spiegel
- Kamm
- 2 Wäscheklammern
- Projektionsschirm vom vorigen Versuch

Schon gewusst?

Licht breitet sich geradlinig aus. Doch es gibt Ausnahmen. Milchglas zum Beispiel zerstreut die Lichtstrahlen. Deshalb kannst du auch nicht hindurchsehen. Die Milchglasoberfläche sieht unter dem Mikroskop aus wie ein Gebirge. Zwischen den Bergen und Tälern werden die Lichtstrahlen hin- und hergeworfen, bis sie schließlich in eine zufällige Richtung das Glas verlassen. Klebst du jedoch etwas klaren Klebefilm gegen die raue Seite, wird das Glas wieder durchsichtig, weil der durchsichtige Klebstoff die feinen Täler einebnet.

So geht's:

Betrachte zunächst die Zeichnung auf der rechten Seite und bau dann eine Anordnung wie dort auf: Stell den Kamm vor die Taschenlampe und klemm zwei Wäscheklammern an ihn, sodass er stehen bleibt. Der Spiegel soll quer zum Kamm stehen, etwa in einem Winkel von 45 Grad. Die vom Spiegel ausgehenden Lichtstrahlen zeichnen dann zusammen mit denen vom Kamm ein Muster aus kleinen Vierecken auf den Tisch. Der Spiegel

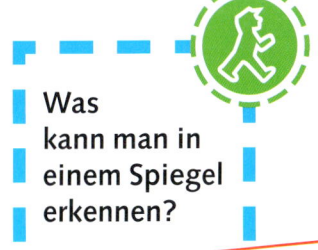

Was kann man in einem Spiegel erkennen?

Das brauchst du:
- kleinen und großen Spiegel

ПEAE

EICПE

DEICП

So geht's:
Links oben auf dieser Seite siehst du drei Wörter, die man gar nicht richtig lesen kann. Nimm den Spiegel und stell ihn genau hinter eines der Wörter auf das Buch. Kannst du es jetzt lesen?

Das geschieht:
Der Spiegel reflektiert die Lichtstrahlen, die auf ihn fallen. Deshalb siehst du die Buchstabenteile nun doppelt. Die gespiegelten Buchstabenhälften und die Hälften im Buch ergeben zusammen ein vollständiges Bild. Stell dich vor einen großen Spiegel und wink deinem Spiegelbild mit der rechten Hand zu. Mit welcher Hand winkt es zurück? Im Spiegel sind rechts und links immer vertauscht.

Schon gewusst?
Manche Maler haben sich selbst porträtiert, indem sie in einen Spiegel schauten. Das lässt sich noch heute leicht erkennen, wenn man sich ein solches Porträt einmal genauer ansieht: Obwohl der Maler Rechtshänder war, scheint die Person auf dem Bild Linkshänder zu sein.

verändert also die Richtung der Lichtstrahlen. Mit einem Projektionsschirm wie im vorigen Versuch kannst du die abgelenkten Lichtstrahlen auffangen. Durch drehendes Bewegen des Spiegels lassen sich auf dem Tisch wunderschöne Strahlenmuster zaubern.

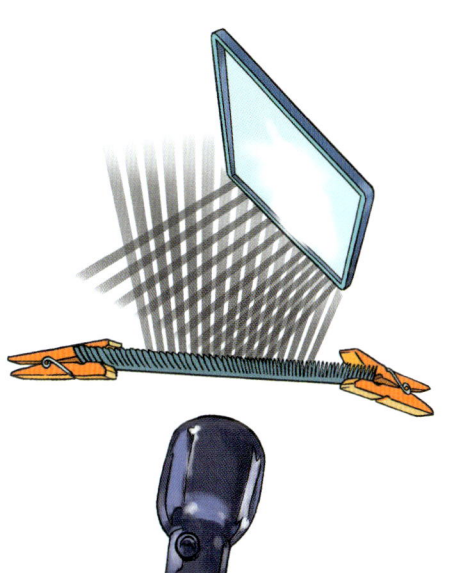

Das geschieht:
Der Spiegel lenkt die an sich geradlinig verlaufenden Lichtstrahlen aus ihrer Richtung ab. Sie werden an seiner Oberfläche reflektiert, und zwar in besonderer Weise: Im gleichen Winkel, in dem sie auf den Spiegel auftreffen, verlassen sie ihn wieder (Einfallswinkel ist gleich Ausfallswinkel).

Wie stellt man ein Periskop her?

Das brauchst du:
■ 2 Taschenspiegel ■ Geodreieck oder Winkelmesser ■ kleine Handsäge ■ Paketklebeband ■ Bleistift ■ stabile Papprohre von ungefähr 10 cm Durchmesser und 50 bis 90 cm Länge (Bürogeschäft)

Ein Periskop ist ein nützliches Gerät. Damit kannst du zum Beispiel über eine hohe Mauer schauen. Besatzungen von Unterseebooten nutzen ein Periskop, wenn sie, ohne aufzutauchen, aus dem Wasser blicken wollen.

Kann man mit Spiegeln sein Geld vermehren?

Das brauchst du:
■ 2 kleine Spiegel
■ Münze oder Geldschein
■ Stift ■ weißes Papier

So geht's:

Leg einen Geldschein oder eine Münze auf den Tisch. Nimm in jede Hand einen rechteckigen Spiegel und stell die beiden Spiegel so nebeneinander, dass sie sich gerade hinter dem Schein bzw. der Münze berühren. Nun dreh die Außenkanten der Spiegel langsam nach vorn. Sofort erscheinen drei weitere Geldscheine bzw. Münzen. Wenn du weiterdrehst, werden es sogar sechs oder acht. Zeichne einen Buchstaben auf weißes Papier und leg ihn statt des Scheins zwischen die Spiegel. Er erscheint teils verkehrt, teils richtig herum.

Das geschieht:

Die Lichtstrahlen werden zwischen den Spiegeln mehrfach hin- und hergeworfen und dadurch scheinen sich die Geldscheine zu vermehren. Sie sind aber leider nicht greifbar: Es sind Spiegelbilder von Spiegelbildern. Der zweite Teil des Versuchs liefert den Beweis – du musst allerdings genau hinsehen: Richtig herum ist der Buchstabe, wenn er zweimal gespiegelt wurde.

Tipp

Papprohren kannst du im Bürogeschäft kaufen. Frag aber erst in größeren Buchläden nach; sie bekommen oft Karten oder Poster in solchen Röhren geschickt und haben vielleicht eine übrig.

45°-Winkel

So geht's:

Zunächst brauchst du eine stabile Pappröhre. Säg in die Pappröhre je etwa zehn Zentimeter von den Enden entfernt einen Schlitz fast bis zur Rückwand, wie die Zeichnung zeigt. Die Schlitze sollen möglichst genau quer zur Röhre verlaufen. Miss jetzt mit dem Geodreieck von jedem Schlitz aus einen Winkel von 45 Grad in Richtung Röhrenende ab und zeichne mit Bleistift die Linie auf die Röhre. Dann sägst du entlang dieser Linie einen weiteren Schlitz.

Nun kannst du die Spiegel einsetzen und ausrichten: Die Lichtstrahlen, die in den oberen Spiegel fallen, sollen in den unteren Spiegel und von dort in dein Auge gelangen. Wenn nötig, kannst du die Schlitze etwas nachbearbeiten oder die Spiegel mit eingeklebten Pappstücken in den richtigen Winkel bringen. Stimmt alles, befestigst du die Spiegel gut mit Klebeband.

Das geschieht:

Der zweite Spiegel fängt das Spiegelbild der Landschaft auf, das der erste Spiegel erzeugt. Ergebnis ist eine zweifache Umlenkung der Lichtstrahlen.

Was ist Lichtbrechung?

Das brauchst du:
- Trinkglas ■ Löffel

So geht's:

Füll ein Glas zu zwei Dritteln mit Wasser und stell einen Löffel hinein. Der Griff des Löffels sieht nun aus, als ob er abgebrochen wäre – genau dort, wo er die Wasseroberfläche durchstößt.

Das geschieht:

Der obere Teil des Löffels ist tatsächlich dort, wo man ihn sieht, denn die Lichtstrahlen, die von ihm reflektiert werden, brauchen sich nur durch die Luft zu bewegen. Der untere Teil des Löffels scheint verschoben zu sein, weil die Lichtstrahlen nicht mehr gerade weiterlaufen, wenn sie durch die Wasseroberfläche dringen; sie werden dort etwas abgeknickt. Dieses Abknicken nennt man „Lichtbrechung". Der Löffel wirkt daher etwas verkürzt. Noch stärker als in Wasser ist die Lichtbrechung von Glas und vor allem von Diamant; in diesem Edelstein ist sie verantwortlich für das begehrte Glitzern und Funkeln.

Schon gewusst?
Du kannst ein Hühnerei oder einen Metalllöffel ganz leicht versilbern. Halte Ei oder Löffel vorsichtig über eine rußende Kerzenflamme, bis sie ganz schwarz sind. Dann tauche sie in Wasser ein – und schon glänzen sie wie pures Silber. Ursache ist eine dünne Luftschicht auf dem Ruß: Das Licht wird an der Grenze Luft–Wasser gespiegelt.

Wie sieht ein Taucher die Welt unter Wasser?

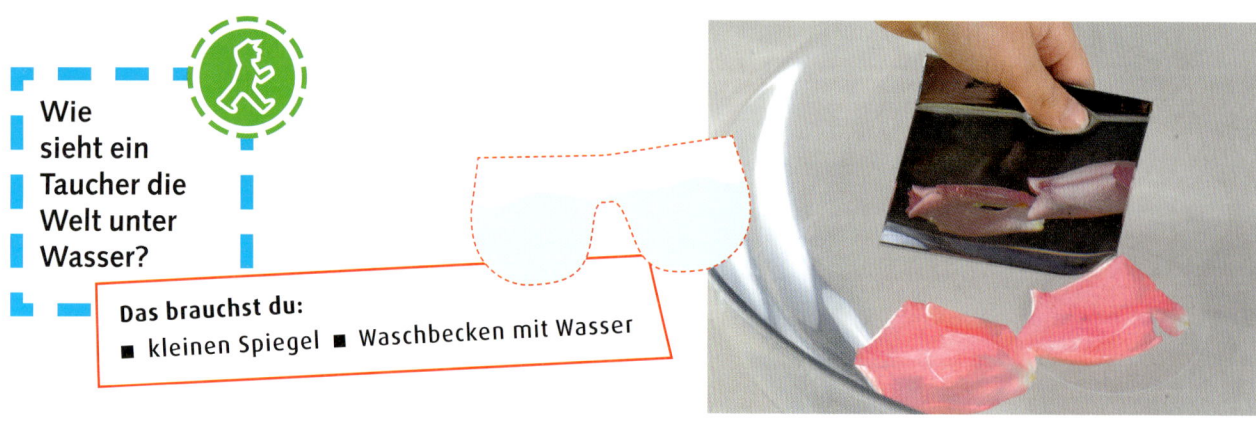

Das brauchst du:
- kleinen Spiegel
- Waschbecken mit Wasser

So geht's:
Halte den Spiegel an den Grund des Waschbeckens und schau von oben hinein. Nun hast du die gleiche Sicht wie ein Taucher am Boden eines Sees. Halte den Spiegel schräg und bewege ihn, damit du möglichst viel siehst.

Das geschieht:
Die Lichtbrechung an der Wasseroberfläche sorgt für ganz eigenartige Beobachtungsmöglichkeiten. Je nach Stellung des Spiegels kannst du zum Beispiel nach oben aus dem Waschbecken herausschauen.

Hältst du den Spiegel schräger, geht das plötzlich nicht mehr: Die Grenze Wasser–Luft verwandelt sich für flach verlaufende Lichtstrahlen selbst in einen Spiegel und zeigt dir den Waschbeckenboden. Man nennt dieses Phänomen „Totalreflexion".

Tipp
Diesen Versuch kannst du auch gut in der Badewanne ausprobieren!

Wie schaut man in einen Teich hinein?

Das brauchst du:
- ein Stück weites Plastikrohr (Dachrinnenableitung aus dem Baugeschäft, etwa 12 cm Durchmesser, ca. 30 cm lang)
- selbsthaftende klare Küchenfolie
- Paketklebeband
- Schere

Vom Ufer aus kannst du schlecht ins Wasser hineinschauen, weil die Spiegelungen und Wellen an der Oberfläche stören. Mit einem kleinen, selbst gebastelten Gerät aber ist das ganz einfach.

So geht's:
Spanne die Folie über ein Ende des Rohrs und kleb sie fest. Zieh sie dabei möglichst glatt. Tauch jetzt dein Guckrohr ins Wasser.

Das geschieht:
Mit dem Guckrohr umgehst du die Spiegelungen an der Wasseroberfläche. Durch den Wasserdruck wölbt sich die Folie etwas nach innen und erlaubt dir nun klare Sicht auf die spannende Unterwasserwelt.

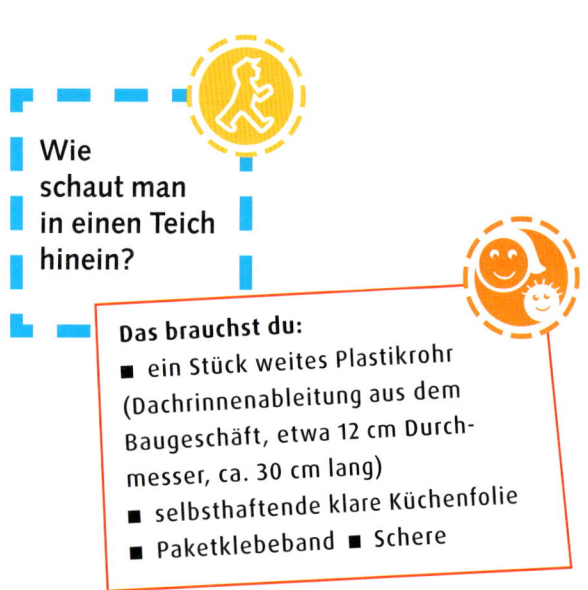

Wie funktioniert eine Lupe?

Das brauchst du:
■ Plastikstreifen von einem Schnellhefter ■ Lupe

So geht's:
Spritz auf das eine Ende des Plastikstreifens etwas Wasser, sodass ein Wassertropfen innerhalb des Loches hängen bleibt. Wenn du diesen Tropfen nun ganz nah an die Schrift hier im Buch hältst und hindurchsiehst, erscheint sie vergrößert – der Wassertropfen wirkt als Lupe.

Das geschieht:
Normalerweise siehst du Dinge in einer Entfernung von etwa 25 Zentimetern am besten – das ist die übliche Leseentfernung bei normalsichtigen Menschen. Gehst du näher heran, erscheinen die Objekte zwar größer, aber auch unschärfer. Doch die gewölbten Flächen des Tropfens brechen das Licht und verändern so den Weg der Lichtstrahlen. Daher kannst du nun viel näher an die Schrift herangehen, bis du sie scharf siehst – und daher siehst du sie entsprechend größer.
Schau dir jetzt einmal eine richtige Lupe aus Glas an: Auch sie hat wie der Wassertropfen gewölbte Oberflächen. Man nennt solch ein Glasplättchen mit gewölbter Oberfläche eine „Linse". Warum? Denk doch mal an die Form der Linsen in der Küche ...

Halbkugelige Wassertropfen wirken wie eine Lupe.

Schon gewusst?
Linsen findest du in fast allen optischen Geräten, wie zum Beispiel Kameras, Fernrohren oder Mikroskopen. Ein einfaches Mikroskop besteht im Grunde nur aus zwei hintereinandergesetzten Lupen. Eine ist dem Beobachtungsobjekt zugewandt und heißt daher Objektiv. Sie liefert ein vergrößertes Bild, das eine zweite Lupe am anderen Ende des Rohrs nochmals vergrößert. Diese ist dem Auge (lateinisch „oculus") zugewandt und heißt daher Okular. Wenn die untere Lupe 20-mal und die obere 100-mal vergrößert, liefert das Mikroskop also eine 200-fache Vergrößerung.

Wie funktioniert ein Scheinwerfer?

Das brauchst du:
■ Karton ■ Lupe ■ Klebeband
■ Kerze ■ Streichhölzer

Vorsicht, verbrenn dich nicht!

So geht's:
Schneide in den Boden des Kartons ein Loch und befestige mit Klebeband eine Lupe davor. Stell den Karton in einem abgedunkelten Raum aufrecht auf den Tisch, sodass die Linse auf eine helle Wand zeigt. Halte einige Zentimeter hinter die Linse eine brennende Kerze. Das direkte Licht der Kerze wird durch den Karton abgeschirmt, an der gegenüberliegenden Wand aber erscheint ein riesiges, auf dem Kopf stehendes Abbild der Kerzenflamme.

Das geschieht:
Die Lupe formt aus einem Teil des in alle Richtungen strahlenden Kerzenlichts einen gebündelten Lichtstrahl. Große Scheinwerfer besitzen meist außer einer großen Frontlinse noch einen Hohlspiegel hinter der Glühbirne. Er lenkt auch die Lichtstrahlen zur Linse, die sonst nach hinten verschwinden würden, und steigert so die Leistung des Scheinwerfers.

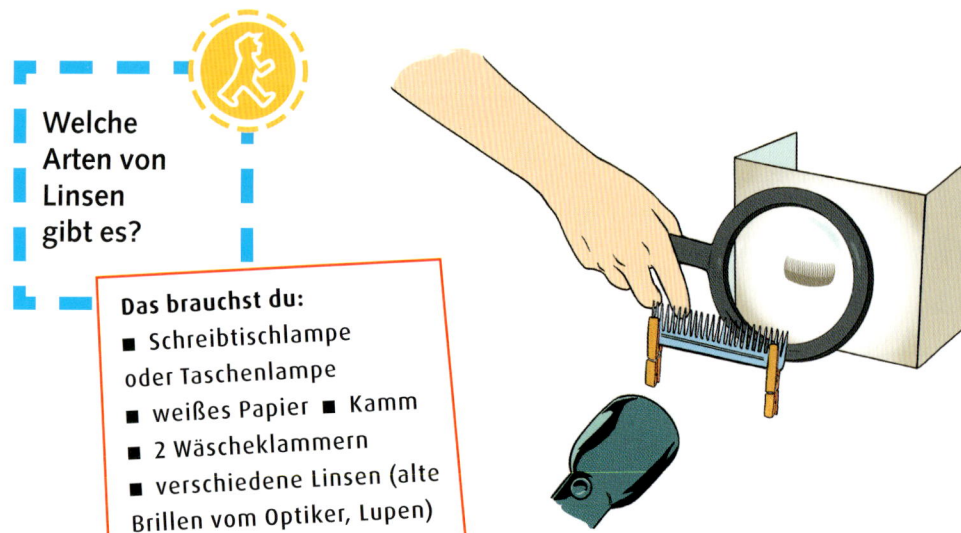

Welche
Arten von
Linsen
gibt es?

Das brauchst du:
- Schreibtischlampe oder Taschenlampe
- weißes Papier ■ Kamm
- 2 Wäscheklammern
- verschiedene Linsen (alte Brillen vom Optiker, Lupen)

Tipp

Mit diesem Spruch kannst du dir die Wörter konkav und konvex leicht merken:

- In eine kon**kave** Linse kann man **Kaffee** füllen.

- Eine kon**vexe** **wächst** nach außen.

Es lohnt sich, beim Optiker oder im Haushalt nach alten, ausrangierten Brillen zu fahnden und die Linsen auszubauen. Denn damit kannst du schön experimentieren.

So geht's:

Schau zunächst durch jede der Linsen hindurch. Du wirst zwei Arten von Linsen finden. Die eine Sorte zeigt alles kleiner als in Wirklichkeit. Die andere zeigt Dinge vergrößert, die nicht allzu weit vor der Linse liegen. Zu diesem Typ gehören auch Lupen. Bau zunächst eine Versuchsanordnung auf, wie die Zeichnung sie zeigt. Halte nun eine Vergrößerungslinse einige Zentimeter hinter den Kamm. Stell den Projektionsschirm zuerst direkt hinter die Linse und dann in immer größere Entfernung davon. Die Lichtstrahlen rücken mit zunehmendem Abstand immer enger zusammen und vereinigen sich schließlich in einem Punkt, dem Brennpunkt. Solche Linsen nennt man Sammellinsen. Eine Verkleinerungslinse verhält sich genau andersherum: Je weiter du mit dem Projektionsschirm weggehst, desto mehr rücken die Lichtstrahlen auseinander. Deswegen nennt man solche Linsen auch Zerstreuungslinsen.

Wenn du verschiedene Linsen hast, kannst du sie direkt hintereinander anordnen und ihre Wirkung auf die Lichtstrahlen studieren. Zwei Sammellinsen zum Beispiel verstärken ihre Wirkung: Der Brennpunkt rückt näher an die Linsen heran.

Das geschieht:

Ob eine Linse vergrößert oder verkleinert, hängt von der Wölbung der Linsenoberfläche ab. Sieh dir die Form von Sammel- und Zerstreuungslinsen einmal genau an: Meist hat eine Sammellinse eine oder zwei nach außen gewölbte Flächen. Sie ist also in der Mitte dicker als am Rand. Man nennt diese Form konvex. Zerstreuungslinsen sind meist in der Mitte dünner als am Rand. Das nennt man konkav. Es gibt auch Linsen, die auf der einen Seite konkav, auf der anderen konvex sind. Die heißen? Na klar: konkav-konvex.

Wie kann man eine einfache Kamera herstellen?

Das brauchst du:
- kleinen Pappkarton ■ Lupe
- Pergamentpapier ■ Klebeband ■ Schere ■ Bleistift

Fotos kann man jetzt seit etwa 170 Jahren anfertigen. Doch die Kamera selbst ist noch viel älter als die Fotografie. Sie war schon arabischen Gelehrten im 11. Jahrhundert bekannt. Es ist gar nicht schwer, sich eine solche Einfach-Kamera herzustellen.

So geht's:
Bohre ein Loch in den Boden des Pappkartons und spanne über die gegenüberliegende Öffnung Pergamentpapier (Butterbrotpapier). Betrachtest du mit dieser einfachen Kamera vom dunklen Zimmer aus die helle Straße, so erscheint deren Bild umgekehrt auf dem Pergamentpapier.
Besser und heller wird das Bild, wenn du anstelle des Lochs eine kleine Sammellinse, zum Beispiel eine Lupe, einbaust. Du musst dann allerdings etwas herumprobieren, denn es kommt auf den genauen Abstand zwischen Linse und Pergamentpapier an. Verändere ihn so lange, bis das Bild scharf ist.

Das geschieht:
Mit einem Bleistift könntest du jetzt das Bild der Landschaft auf dem Pergament festhalten. Solche Geräte nannte man früher „Camera obscura" (italienisch: geheimnisvolle Kammer) oder einfach Lochkamera (ohne Linse). Sie dienten als Zeichenhilfe und sind die Vorläufer der modernen Fotokamera. Das Loch wirkt dabei ähnlich wie eine sehr einfache Linse: Seine Ränder lenken die Lichtstrahlen ab (deshalb darf das Loch auch nicht zu groß sein).

Die Blende einer Kamera öffnet oder verengt sich: So steuert sie, wie viel Licht eindringt – wie die Pupille in deinem Auge.

Schon gewusst?
Unser Auge arbeitet ganz ähnlich wie eine Kamera. Die Linse besteht aus durchsichtiger gallertiger Masse und wird von Muskeln gekrümmt; so stellt sie sich auf unterschiedliche Entfernungen ein. Die Pupille steuert, wie viel Licht ins Auge fällt: Bei Dunkelheit öffnet sie sich weit, ist es hell, verengt sie sich. Das Bild der Außenwelt erscheint auf dem Kopf stehend auf der Augenrückwand, der „Netzhaut". Sie ist dicht mit Sehzellen vollgepackt. Die Sehzellen leiten ihre Impulse über den Sehnerv ins Gehirn, das daraus Bilder zusammensetzt.

Wie entsteht ein Regenbogen?

Das brauchst du:
- Gartenschlauch ■ kleinen Handspiegel ■ tiefen Teller
- weißes Papier ■ Sonnenschein

So geht's:

Stell dich an einem hellen Sommernachmittag im Garten mit dem Rücken zur Sonne und sprüh mit dem Schlauch einen Wasserschleier. Es erscheint ein bunter Regenbogen. Woran liegt das?

Füll den Teller mit Wasser. Stell den Spiegel schräg hinein, und zwar so, dass die Sonnenstrahlen schräg von oben auf den Spiegel fallen. Halte in einigem Abstand vom Spiegel das Papier und bewege Papier und Spiegel etwas hin und her. Hast du die richtige Stellung gefunden, erscheint auf dem Papier ein kleiner Fleck in den Farben des Regenbogens.

Das geschieht:

Weißes Sonnenlicht besteht in Wirklichkeit aus einer Mischung von Licht verschiedener Farben. Wassertropfen brechen das Licht und spalten es in seine Farben auf. In jedem Tropfen wandern die einfallenden Lichtstrahlen mehrfach hin und her, bis sie den Tropfen wieder verlassen. Dabei verhalten sich die einzelnen Farben etwas unterschiedlich: Violettes Licht wird am stärksten gebrochen, rotes Licht am wenigsten. Deshalb erscheint Rot außen und Violett innen im Farbring.

Im Spiegelversuch siehst du, dass die Lichtstrahlen dabei in einem ganz bestimmten Winkel auf das Wasser treffen müssen. Nur dann wird das weiße Licht an den Grenzflächen Wasser–Luft und Wasser–Glas gebrochen und in seine Farben aufgespalten.

Schon gewusst?

Unsere Augen sehen einen Regenbogen eigentlich nur unvollständig. Jenseits des roten Lichts strahlt die Sonne infrarotes Licht aus, das unsere Augen nicht wahrnehmen können. Wir spüren es nur als Wärmestrahlung auf der Haut. Auch jenseits von Violett gibt es noch Strahlung, nämlich ultraviolettes Licht (UV-Licht). Auch hier versagen unsere Augen. Die Haut nimmt jedoch UV-Licht wahr und bildet als Schutz gegen diese gefährlichen Strahlen braunen Farbstoff, das sogenannte Melanin. Es sorgt für die gebräunte Haut im Sommer.

Wie funktioniert eine Fernbedienung?

Das brauchst du:
- funktionierende Fernbedienung (etwa vom TV) ■ Digitalkamera

Infrarotes Licht ist zwar unsichtbar, wird aber dennoch in Alltagsgegenständen verwendet, etwa in Fernbedienungen. Teste das einmal – am besten mit einem Freund zusammen.

So geht's:

Schau zunächst auf die kleine runde Linse an der Vorderseite der Fernbedienung und drück irgendwelche Tasten. Erkennst du einen Lichtschein? Schalte jetzt deine Digitalkamera ein und richte ihr Objektiv auf diese runde Linse. Auf dem Display der Kamera müsstest du die Linse jetzt, eventuell unscharf, erkennen können.
Bitte nun deinen Freund, eine Taste der Fernbedienung zu drücken. Jetzt erkennst du auf dem Kameradisplay, dass in der Linse ein Licht aufflackert, solange die Taste gedrückt wird.

Das geschieht:

Die Linse ist die Vorderseite einer Leuchtdiode. Sie sendet aber kein sichtbares Licht aus, sondern infrarotes Licht. Für unsere Augen ist es unsichtbar, nicht jedoch für den lichtempfindlichen Chip in der Kamera – und natürlich auch nicht für den Lichtempfänger im Fernseher, der die Signale der Fernbedienung aufnimmt und in Befehle umsetzt.

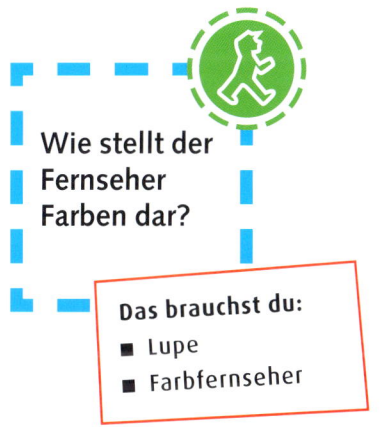

Wie stellt der Fernseher Farben dar?

Das brauchst du:
- Lupe
- Farbfernseher

So geht's:

Schau dir mit der Lupe ein Fernsehbild an. Du erkennst: Die Bilder sind aus winzigen Farbpünktchen zusammengesetzt. Wie viele verschiedene Pünktchenfarben findest du?

Das geschieht:

Zu deinem Erstaunen wirst du nur drei verschiedene Farbpünktchen entdecken: rote, grüne und blauviolette. Alle Farben, die dir der Bildschirm zeigt, mischt er aus Rot, Grün und Blauviolett zusammen. Man nennt sie deshalb auch „Grundfarben".
Die Farbpunkte sind auf besondere Weise angeordnet: Immer stehen drei zusammen, von jeder Grundfarbe einer. Aber sie leuchten nicht immer

Additive Farbmischung: Aus Grün und Rot entsteht Gelb, aus Rot und Blauviolett Magenta, aus Blauviolett und Grün Cyan.

gleich stark. Je nachdem, welche Farbe gerade dargestellt werden soll, werden nur einige Pünktchen in voller Leuchtkraft erstrahlen, andere leuchten nur schwach oder bleiben dunkel. Wenn alle drei Farben voll leuchten, ist der Schirm weiß. Weil die Lichtfarben bei dieser Art der Farbmischung zusammengezählt (addiert) werden, heißt sie auch „additive Farbmischung".

Schon gewusst?

Manche Stoffe haben die Eigenschaft, ultraviolettes Licht aufzunehmen und dafür sichtbares farbiges Licht abzugeben. Man sagt, sie fluoreszieren. Dazu zählen

sogenannte Weißmacher, die man weißer Kleidung und Papier zum Aufhellen zusetzt, bestimmte Farbstoffe, mit denen man Geldscheine unsichtbar markiert, und der Stoff Aesculin, der in der Kastanienrinde enthalten ist. Mit einem Geldscheinprüfer, der unsichtbares ultraviolettes Licht abgibt, kannst du in einem dunklen Raum fluoreszierende Stoffe zum Leuchten bringen.

Wie kann man selbst Farben zusammenzählen?

So geht's:

Kleb vor eine der Taschenlampen eine rote Farbfolie, vor die zweite eine grüne und vor die dritte eine blauviolette. Richte die farbigen Lichtstrahlen im dunklen Zimmer gemeinsam auf ein Blatt weißes Papier oder eine weiße Wand. Probier auch andere Folienkombinationen aus.

Das geschieht:

Wie beim Fernsehbild mischen sich die farbigen Lichtstrahlen zu unterschiedlichen Farbtönen; alle drei Folien zusammen ergeben Weiß. Das Weiß wird vielleicht nicht ganz rein sein, denn es kommt dabei sehr auf den genauen Farbton deiner Folien an (der vermutlich nicht exakt einer der Grundfarben entspricht) und auf deren Lichtdurchlässigkeit. Wenn du Folien hast, die exakt den Grundfarben entsprechen, entsteht aus Rot und Grün Gelb, wie unten auf dem Foto. Rot und Blauviolett mischen sich zum pinkfarbenen Magenta, Blauviolett und Grün ergeben Blaugrün, das man Cyan nennt.

Schon gewusst?

Auch das Regenbogenlicht besteht eigentlich nur aus den drei Grundfarben Blauviolett, Grün und Rot. Die anderen Farben im Regenbogen sind aus diesen Grundfarben zusammengemischt. Die Ursache dafür liegt in unserem Auge: Dort haben wir nur drei Arten von farbempfindlichen Sehzellen (Zäpfchen). Eine ist für Blauviolett empfindlich, die zweite für Rot und die dritte für Grün. Das Auge zerlegt also jeden einfallenden Lichtstrahl in diese drei Farbeindrücke und meldet die jeweilige Stärke ans Gehirn, wo dann das entsprechende Farbempfinden entsteht.

Warum ist Salat grün und eine Erdbeere rot?

Das brauchst du:
- durchsichtige Farbfolien (rot, grün, blau, gelb)
- Taschenlampe ■ Klebeband
- Salatblatt ■ Erdbeeren

So geht's:

Kleb die grüne Farbfolie vor deine Taschenlampe und leuchte im verdunkelten Zimmer auf das Salatblatt. Es wird ganz hell erscheinen. Probier nun nacheinander alle Farbfolien aus und wiederhole den Versuch mit dem Salatblatt, den Erdbeeren und anderen farbkräftigen Dingen im Zimmer. Was beobachtest du? Wie erscheint der Salat, wenn du ihn durch die rote Folie ansiehst?

Das geschieht:

Licht besteht, wie der Versuch auf Seite 50 gezeigt hat, aus einer Mischung von blauviolettem, grünem und rotem Licht. Deine Farbfolien erscheinen nur deshalb blau, gelb oder rot, weil sie einzelne Farben aus dem weißen Licht herausfiltern und nur ihre eigene Farbe hindurchlassen. Die Farbstoffe in der roten Folie zum Beispiel lassen rotes Licht durch, grünes Licht dagegen filtern sie heraus. Bei der grünen Folie ist es umgekehrt.

Ähnliches geschieht auch mit den farbigen Dingen um uns herum: Ihre Farbstoffe verschlucken bestimmte Lichtfarben und werfen nur einen Teil des Lichts zu uns zurück. Das grüne Salatblatt zum Beispiel schluckt den roten und blauvioletten Anteil des Lichts – wir sehen grün. Die Erdbeeren schlucken Grün und Blauviolett, werfen also nur rotes Licht in unser Auge zurück.

Schon gewusst?

„Schwarz" nennen wir etwas, das wenig Licht reflektiert. Selbst schwarze Gegenstände aber werfen wenigstens einen kleinen Teil des auftreffenden Lichtes zurück – die einen mehr, die anderen weniger. Vergleiche einmal verschiedene schwarze Gegenstände miteinander – du wirst sehen, dass Schwarz nicht gleich Schwarz ist. „Weiß" nennen wir einen Gegenstand, der möglichst viele Lichtstrahlen zerstreut zurückwirft (ein Spiegel wirft alles Licht zurück, aber er streut es nicht und wirkt daher auch nicht weiß). Aber auch Weiß ist nicht gleich Weiß. Unser Auge allerdings passt sich an und nennt den jeweils hellsten Gegenstand weiß. Erst der Vergleich hebt die Unterschiede deutlich hervor.

Wird der Salat nun mit rotem Licht beleuchtet, das er verschluckt und nicht mehr zurückwirft, erscheint er dunkel – ebenso die Erdbeeren, wenn du sie mit grünem Licht beleuchtest: Sie sehen schwarz aus.

Warum? Rot und Grün sind ein Paar von Farben, die sich gegenseitig verdunkeln, ähnlich wie auch Gelb und Blau. Man sagt, Rot und Grün bzw. Gelb und Blau sind „Komplementärfarben" oder „Gegenfarben".

Das brauchst du:
- durchsichtige Farbfolien (am besten in den Farben Gelb, Magenta, Cyan) ■ Taschenlampe
- Klebeband

So geht's:

Sieh dir einmal ein Bild in diesem Buch mit der Lupe an. Du wirst neben Schwarz nur drei verschiedene Farben finden: Gelb, Magenta und Cyan. Wenn du einen Farbdrucker besitzt, wirst du diese Farben von den Tintenpatronen her kennen: Sie bilden die Grundlage des Farbdrucks. Wie kommt das?

Nimm deine Farbfolien zur Hand. Halte sie einzeln oder in Kombination gegen weißes Licht und beobachte, wie sich die Farben verändern.

Das geschieht:

Um zu verstehen, was du durch die Farbfolien siehst, studierst du am besten die Zeichnung und verfolgst die Lichtbalken der einzelnen Farben. Sie zeigen, was jeweils mit den drei Grundfarben des Lichts (Rot, Grün, Blauviolett) geschieht.

Die gelbe Folie zum Beispiel hält Blauviolett zurück. Rot und Grün lässt sie hindurch und beide Farben mischen sich in deinem Auge zu Gelb.

Ähnlich wirken die beiden anderen Folien. Hältst du nun jeweils zwei der Folien übereinander, zieht jede das Licht ihrer Gegenfarbe ab und du siehst, was dann jeweils übrig bleibt – zum Beispiel grünes Licht, wenn du Gelb und Cyan kombinierst.

Hältst du alle drei Folien gegen das Licht, dringt gar kein Licht mehr hindurch: Du siehst Schwarz. Weil hier Farben voneinander abgezogen (subtrahiert) werden, nennt man diese Art der Farbbearbeitung „subtraktiv". Die drei Farben Gelb, Magenta und Cyan sind die Grundfarben der subtraktiven Farbmischung – aus ihnen lassen sich alle anderen Farbtöne zusammenmischen.

Genauso entstehen übrigens auch die Farben in deinem Tuschkasten. Wenn du eine Farbschicht auf weißes Papier malst, verhält sie sich wie deine Farbfolie: Sie zieht von dem weißen Licht, das das weiße Papier zurückstrahlt, ihre Komplementärfarbe ab. Auch in einem Buch oder einem farbigen Computerausdruck hast du „Farbfolien": nämlich die dünnen Farbschichten, die der Drucker auf das weiße Papier legt. Sie beeinflussen das Licht ebenso wie deine Farbfolien.

?

Schon gewusst?
Ein Farbstoff und farbiges Licht sind nicht dasselbe – obwohl man beides „Farbe" nennt. Ein Farbstoff filtert jeweils bestimmte Farben aus dem weißen Licht heraus und erscheint dadurch farbig.

Warum ist der Himmel blau?

Das brauchst du:
■ Trinkglas ■ Milch ■ Taschenlampe

So geht's:

Füll das Glas mit Wasser und gieß etwa einen Esslöffel Milch hinein, sodass eine schwach getrübte Flüssigkeit entsteht. Lass den scharf gebündelten Lichtstrahl einer Taschenlampe durch die Flüssigkeit im Glas fallen – einmal von der Seite, dann von hinten. Schau dabei von vorn ins Glas hinein. Die verdünnte Milch erscheint wolkig, weil die winzigen Fetttröpfchen der Milch den Lichtstrahl in alle Richtungen streuen.

Das Verblüffendste aber ist: Dieselbe Flüssigkeit unter der gleichen Lichtquelle erscheint gleichzeitig bläulich (wenn das Licht von der Seite kommt) und rötlich (wenn das Licht von hinten kommt).

Das geschieht:

Man nennt diese Erscheinung „Tyndall-Effekt". Ursache sind die verschiedenen Lichtfarben, aus denen sich weißes Licht zusammensetzt. Sie verhalten sich beim Zerstreuen unterschiedlich: Das blaue Licht wird viel stärker gestreut als das rote. Daher erscheint der Lichtkegel, der von der Seite kommt, bläulich: Du siehst vor allem gestreutes Licht. Das hindurchscheinende Licht dagegen ist gelblich oder rötlich, denn es hat einen Teil seines Blauanteils durch die Streuung verloren.

Schon gewusst?

Auch beim Morgen- oder Abendrot ist der Tyndall-Effekt im Spiel. Geht die Sonne auf oder unter, so muss ihr Licht einen besonders langen Weg durch die Lufthülle zurücklegen. Vor allem wenn die Luft viel Feuchtigkeit enthält, wird dabei ein großer Teil des Sonnenlichts gestreut – vor allem blaues, sodass Rot übrig bleibt. Deshalb erscheint die Sonne frühmorgens oder abends rötlich. Feuchte Luft ist ein Anzeichen für aufziehenden Regen – daher die Wetterregel, dass besonders farbige (also rote) Sonnenuntergänge schlechtes Wetter voraussagen.

Der Tyndall-Effekt ist auch für das Blau des Himmels verantwortlich. Das Sonnenlicht wird an den kleinsten Teilchen der Luft, den Molekülen, gestreut – ebenso wie das Taschenlampenlicht an den Fetttröpfchen der Milch im Glas. Dabei werden aber die blauen Anteile des Lichts stärker gestreut als die roten. Das Himmelsblau stammt aus gestreutem Sonnenlicht, auf das wir „seitlich" draufschauen.

Experimente zur Astronomie

Sonne, Mond und Sterne stellen ein faszinierendes Forschungsgebiet dar. Wie entstehen eigentlich Tag und Nacht? Wieso verfinstern sich Sonne und Mond bisweilen? Das kannst du bei den Versuchen in diesem Kapitel herausfinden und dazu den Mond mit einem selbst gebauten Fernrohr betrachten.

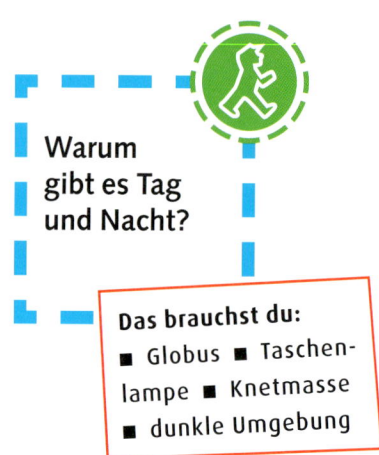

Warum gibt es Tag und Nacht?

Das brauchst du:
- Globus ■ Taschenlampe ■ Knetmasse
- dunkle Umgebung

Es ist für uns ganz selbstverständlich, dass morgens die Sonne aufgeht und abends unter, dass es tagsüber hell und nachts dunkel ist. Aber warum ist das eigentlich so?

So geht's:

Form zunächst aus der Knetmasse drei kleine Figuren. Such dir auf dem Globus drei Länder aus und setz in jedes Land eine Figur. Nun lässt du in dunkler Umgebung den Schein der Lampe aus einiger Entfernung auf den Globus fallen. Die Lampe soll die Sonne darstellen.

Such dir eine Figur aus und dreh den Globus so, dass sie auf der lichtabgewandten Seite steht. Für sie ist nun also Nacht.

Dreh jetzt langsam den Globus und stell dir dabei vor, was die Figur sieht. Während ihr Standort in den Lichtschein wandert, scheint für sie die Sonne aufzugehen. Steht sie dann in vollem Licht, ist für sie Mittagszeit. Beim Weiterdrehen kommt die Figur wieder an die Lichtgrenze – jetzt geht für sie die Sonne unter.

Dreh wieder den Globus und achte dabei auch auf die beiden anderen Figuren. Haben sie alle die gleiche Tageszeit?

Das geschieht:

Die Erde dreht sich ständig um sich selbst. Wir nennen eine vollständige Umdrehung einen Tag und teilen ihn in 24 gleich lange Stunden ein. Weil die Sonne aber nur eine Seite der Erde bescheint, erlebt jede Figur nur einige Stunden lang hellen Tag, den Rest der Zeit ist es für sie Nacht.

Du siehst auch sofort, warum für Menschen in anderen Erdteilen erst die Sonne aufgeht, wenn für dich schon Mittagszeit ist. An wieder anderen Orten ist es bereits Abend – oder die Menschen schlafen längst.

Warum verändert der Mond regelmäßig sein Aussehen?

Das brauchst du:
- Schreibtischlampe oder Taschenlampe
- Tischtennisball
- dunkle Umgebung

So geht's:

Diesen Versuch machst du am besten mit einem Freund oder einer Freundin zusammen. Dein Helfer soll die Lampe aus einigen Metern Entfernung auf dich richten. Halte den Tischtennisball zwischen zwei Fingern am ausgestreckten Arm in die Höhe. Er stellt den Mond dar, die Lampe ist die Sonne und du bist der Beobachter auf der Erde. Stell dich zunächst mit dem Rücken zur Lampe. Dein Gesicht liegt im Dunkeln, für dich ist also jetzt Nacht. Der Ball aber, unser Mond, bekommt volles Licht ab – es ist Vollmond. Dreh dich nun langsam um dich selbst und verfolge dabei, wie sich der Anblick des Balls verändert. Kommt das Lampenlicht von der Seite, siehst du die beleuchtete Seite des Balls nur etwa zur Hälfte – es ist Halbmond. Dreh dich weiter, bis du direkt zur Lampe schaust. Jetzt liegt die für dich sichtbare Seite des Balls im Schatten – es ist Neumond.

In Wirklichkeit wären beschattete Stellen übrigens völlig schwarz, in einem Zimmer aber werden sie vom Licht, das die Zimmerwände reflektieren, etwas aufgehellt.

Das geschieht:

Während sich der Mond um die Erde dreht, sehen wir seine von der Sonne beleuchtete Seite mal vollständig, mal nur teilweise, zeitweise gar nicht. Man nennt dieses wechselnde Aussehen die „Phasen des Mondes". Er braucht für einen Durchlauf von Vollmond zu Vollmond etwa einen Monat (dieser Tatsache verdankt der Monat seine Bezeichnung, denn darin steckt das Wort „Mond").

Die Mondphasen von der ersten Sichel über zunehmenden Halbmond, Vollmond und abnehmenden Halbmond bis zur letzten Sichel

Wie entsteht eine Mond-finsternis?

Das brauchst du:
- Taschenlampe ■ Apfel
- weißes Papier oder Tischtennis-ball ■ zwei lange Schaschlikspie-ße aus Holz ■ dunkle Umgebung

Etwa ein- oder zweimal im Jahr verfinstert sich für einige Stunden der Vollmond. Das ist jedes Mal ein eindrucksvolles Ereignis. Doch wie kommt eine Mondfinsternis eigentlich zustande?

So geht's:

Auch für diesen Versuch suchst du dir am besten einen Helfer. Knüll das Papier zu einer Kugel von etwa zwei Zentimetern Durchmesser zusammen und steck sie (oder den Tischtennisball) auf einen Schaschlikspieß. Diese Kugel stellt den Mond dar. Auf den zweiten Spieß steckst du den Apfel. Er stellt die Erde dar. Bitte deinen Helfer, die Lampe in dunkler Umgebung im Abstand von etwa drei Metern auf dich zu richten – sie soll die Sonne bilden. Halte den Apfel an seinem Spieß mit einer Hand empor und führ mit der anderen Hand den „Mond" im Abstand von etwa 80 Zentimetern hinter ihm vorbei. Finde heraus, an welcher Stelle der Mond beschattet wird. Es geschieht nur, wenn „Sonne", „Erde" und „Mond" genau in einer Reihe stehen und das ist gar nicht so leicht zu erreichen.

Schon gewusst?

Mondfinsternisse sind viel seltener als Sonnenfinsternisse. Aber eine Mondfinsternis ist von der gesamten Nachtseite der Erde aus sichtbar, während eine Sonnenfinsternis nur in einem kleinen Bereich auftritt. Ein bestimmter Ort auf der Erdoberfläche erlebt daher nur in großen Abständen von vielen Jahrzehnten eine Sonnenfinsternis. Es gibt aber Menschen, die dieses aufregende Erlebnis so sehr schätzen, dass sie Tausende Kilometer weit an die Orte von Sonnenfinsternissen reisen – sie lassen sich heute Jahrhunderte im Voraus genau berechnen.

Das geschieht:

Bei einer Mondfinsternis läuft der Mond hinter der Erde vorbei, also genau der Sonne gegenüber – daher finden diese Finsternisse stets nur bei Vollmond statt. Aber nicht bei jedem Vollmond verfinstert sich der Mond, sondern nur dann, wenn er genau durch den Schatten der Erde läuft. Meist liegen die Bahnen von Erde und Mond aber so, dass das nicht geschieht. Denn der Mond ist von der Erde immerhin rund 384 000 Kilometer entfernt – das entspricht dem 30-fachen Erddurchmesser. In deinem Versuch müsste der Mond entsprechend sogar etwa zwei Meter entfernt sein. In solcher Entfernung ist der Schatten der „Erde" (also des Apfels) schon sehr klein.

Wie kann man ein Fernrohr bauen?

Das brauchst du:
- möglichst große und möglichst runde Sammellinse (etwa von einer Brille)
- starke kleine Lupe ■ weißes Papier
- Meterstab ■ Pappröhre (Durchmesser sollte etwas kleiner sein als der Linsendurchmesser der großen Linse) ■ Schere
- Klebeband ■ eventuell Pappe

So misst du die Brennweite einer Sammellinse.

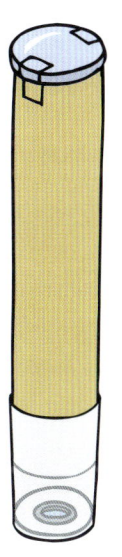

Achtung: Schau mit deinem Fernrohr niemals direkt in die Sonne! Du könntest blind werden, weil das Fernrohr wie ein Brennglas wirkt und die Sonne in deine Augen brennt!

So geht's:

Bei diesem Versuch sollte dir ein Freund oder eine Freundin helfen.

Halte die Sammellinse in einem dunklen Zimmer ans Fenster und das Papier dahinter. Verändere den Abstand, bis du ein scharfes, auf dem Kopf stehendes Bild der Außenwelt auf dem Papier siehst.

Jetzt soll dein Helfer mit dem Meterstab den Abstand zwischen Papier und Linse messen. Schreib die Zentimeterzahl auf; sie entspricht der Brennweite der großen Linse. Wiederholt dann dasselbe mit der Lupe. Auch hier messt und notiert ihr den genauen Abstand.

Zähl jetzt diese beiden Zahlen zusammen und halte die Linsen in diesem Abstand vor deine Augen (große Linse weiter außen). Wenn du nun durch die Lupe schaust, siehst du entfernte Dinge vergrößert. Richte die Linsen auf ein möglichst weit entferntes Ziel und miss dabei sehr genau den Abstand zwischen den beiden Linsen.

Schneide die große Pappröhre auf die eben gemessene Länge minus zehn Millimeter. Kleb an das eine Ende der Röhre mit Klebeband die große Linse. Sie ist zum beobachteten Objekt gerichtet und heißt daher Objektiv.

Schneide aus dem Papier einen langen, etwa zehn Zentimeter breiten Streifen und wickle ihn mehrfach eng um das andere Ende der Röhre. Stabilisiere ihn mit Klebeband, aber so, dass er als zweite Röhre außen auf der langen Röhre verschiebbar bleibt. An dieser Papierstreifen-Röhre befestigst du mit Klebeband deine Lupe.

Ist die Linse zu klein für die Röhre, kleb sie auf eine Pappscheibe, in die du ein entsprechendes Loch geschnitten hast, und diese Pappscheibe an die verschiebbare Röhre.

Richte nun das Rohr auf weit entfernte Dinge und schau hindurch. Du solltest jetzt ein scharfes Bild sehen. Ist es unscharf, kannst du es durch Verschieben der Lupe (näher ans Objektiv oder etwas weiter weg) verbessern. Allerdings steht es auf dem Kopf. Zudem ist die Bildqualität wegen der einfachen Linsen natürlich begrenzt.

Das geschieht:

Du hast nun ein Himmelsfernrohr, wie es auch die Astronomen, die Himmelsforscher, benutzen. Die stört es nämlich nicht, wenn alle Dinge auf dem Kopf stehen. Schau dir abends einmal den Mond an und entdecke seine Krater. Die großen dunklen Gebiete nennt man Mondmeere. Sie enthalten aber kein Wasser, sondern nur dunklere Gesteine.

Das brauchst du:
- Plastikfolie (etwa aufgeschnittene Einkaufstüte) ■ große Plastikschüssel
- Paketklebeband ■ Glasmurmel
- volle 1-l-PET-Flasche (oder einen anderen schweren Gegenstand)

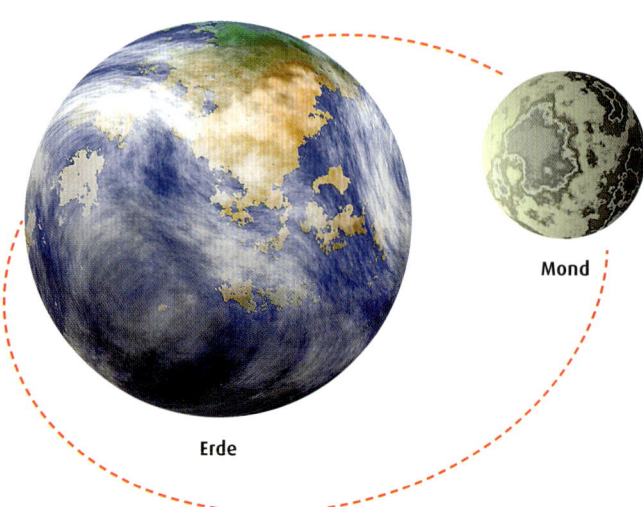

Mond

Erde

Die Kraft, die uns am Boden hält, zählt immer noch zu den geheimnisvollsten Dingen. Nach Albert Einstein gibt es diese Anziehungskraft gar nicht. Vielmehr ist in der Nähe schwerer Massen wie etwa der Sonne der Raum selbst gekrümmt und das spüren die Planeten. Ein gekrümmter Raum ist schwer vorstellbar. Aber ein einfacher Versuch zeigt, wie das gemeint ist – allerdings krümmen wir dabei nicht den Raum, sondern nur eine Fläche.

So geht's:

Spanne die Folie straff über die Schüssel und befestige sie am Rand gut mit Klebeband. Diese Folie soll den Raum darstellen. Setz genau in die Mitte die umgedrehte PET-Flasche (oder einen anderen schweren Gegenstand – wir haben eine große Glasmurmel genommen) und halte sie fest oder bitte einen Helfer, es zu tun. Sie soll die Masse der Sonne darstellen und drückt die Folie einige Zentimeter tief ein – sie krümmt die Fläche.

Lass jetzt einen Planeten um sie kreisen, nämlich die Murmel. Setz sie auf eine ebene Stelle am Rand und schubs sie kräftig an. Sie wird zunächst ein Stück geradeaus laufen, dann aber der Krümmung folgen und die „Sonne" ein- oder sogar zweimal umkreisen.

Wiederhole den Versuch mit unterschiedlichen Startgeschwindigkeiten der Murmel und achte besonders auf die Form der Bahn, die sie durchläuft.

Das geschieht:

Die Murmel wäre auf einer ebenen Folie geradeaus gelaufen, nur die Krümmung zwingt sie in die gekrümmte Bahn – nicht etwa eine Anziehungskraft der PET-Flasche. Auch Planeten laufen wie jeder bewegte Körper, auf den keine Kräfte wirken, geradeaus. Nur tun sie das eben nicht im freien Weltall, sondern in der Nähe der Sonnenmasse, also in einem gekrümmten Raum. Und diese Raumkrümmung zwingt sie auf die Umlaufbahn um die Sonne. Die Murmel beschreibt übrigens, wie auch die Planeten, keine Kreisbahn, sondern eine eiförmige Bahn, eine Ellipse. Das zeigt selbst dieser einfache Versuch sehr schön. Anders als bei den Planeten beendet allerdings hier die Reibung rasch die Bewegung.

Schon gewusst?

Bis vor wenigen Jahren glaubte man, zwar nicht das gesamte Weltall, aber doch seine Struktur und Geschichte einigermaßen zu kennen. Dann aber entdeckte man, dass die sichtbare Materie – also Sonnen, Gasnebel, Planeten und Monde – nur etwa vier Prozent der Gesamtmasse des Alls ausmacht. Die weitaus größte Menge ist noch recht rätselhaft. Rund 23 Prozent bestehen aus „dunkler Materie", deren Wesen bisher unbekannt ist. Sie verrät sich durch ihre Schwerkraft und hält auch die Galaxien zusammen. Der Rest ist die noch geheimnisvollere „dunkle Energie", die seit einigen Jahrmilliarden das All immer rascher expandieren lässt.

Wie kann man sich die Flucht der Milchstraßen vorstellen?

Das brauchst du:
- Luftballon ■ Filzstift

Sterne bilden gewaltige Sternsysteme, die Galaxien. Unsere Milchstraße ist die Galaxie, zu der unsere Sonne gehört. Vor etwa 80 Jahren stellte man fest, dass all die Milliarden ferner Galaxien sich mit hohem Tempo von uns wegbewegen. Es ist aber nicht so, dass sie wirklich von uns wegstreben, sondern das gesamte Universum dehnt sich ständig aus und nimmt sie mit. Wie kann man sich das vorstellen?

So geht's:

Blas den Ballon ein klein wenig auf und male mit dem Filzstift zahlreiche Punkte in etwa gleichem Abstand voneinander auf seine Oberfläche. Jeder Punkt soll eine Galaxie, also ein Milchstraßensystem, darstellen. Blas jetzt den Ballon kräftig auf und achte dabei auf den Abstand zwischen den Punkten. Lass den Ballon noch einmal kleiner werden und konzentrier dich auf einen der Punkte.

Stell dir vor, du wärst ein Astronom in dieser Galaxie und würdest die Entfernungen zu anderen Galaxien messen. Dann blas den Ballon erneut auf.

Das geschieht:

Beim Aufblasen wächst der Abstand zwischen den Punkten – aber nicht, weil sie alle von einem der Punkte wegstreben, sondern weil sich die Fläche zwischen ihnen ausdehnt. Das sieht von jedem der Punkte gesehen gleich aus.
Ähnlich stellt man sich auch die Flucht der Galaxien vor: als Vergrößerung des gesamten Raums zwischen den Galaxien.
Vor 13,7 Milliarden Jahren war das Weltall ein winziger Energieball. Im Urknall explodierte es und dehnt sich seither aus. Wie groß das All ist, ahnen wir nicht einmal. Wir können nur etwa 13 Milliarden Lichtjahre weit sehen – Licht von weiter her konnte uns in der Zeitspanne seit Entstehung des Alls noch nicht erreichen.

Experimente zur Mechanik

Kräfte regieren unsere Welt. Jeden Tag spürst du die Schwerkraft, die dich am Boden hält und sich dir widersetzt, wenn du etwas Schweres heben willst. Dennoch haben die Menschen gewaltige Bauwerke geschaffen. Die Ägypter etwa schichteten vor fast 5 000 Jahren Steinblöcke zu riesigen Pyramiden auf. Möglich waren solch eindrucksvolle Leistungen, weil sich die Menschen einfache Techniken und Maschinen zunutze machten: den Hebel, das Rad, die schiefe Ebene.

Wie kann man schwere Gegenstände von der Stelle bewegen?

Das brauchst du:
- kleines Brett ■ schweren kleinen Gegenstand (z.B. Stein) ■ Nagel ■ Gummiband
- 3 runde Bleistifte ■ Murmeln ■ Lineal

Schon gewusst?
Ohne Reibung könntest du keinen Schritt gehen. Bei jedem Schritt würden dir die Füße wegrutschen – noch schlimmer als auf Glatteis. Fahren wäre ebenso unmöglich. Und ohne Reibung hielte auch weder Schraube noch Nagel in der Wand. So lästig die Reibung im Alltag oft ist – ohne sie wären wir viel schlechter dran!

So geht's:

Schlag in die schmale Seite des Bretts einen Nagel und befestige daran das Gummiband. Es sollte nicht zu dünn sein, sonst reißt es schnell. Leg den Stein auf das Brett und zieh vorsichtig am Gummi. Zunächst dehnt er sich nur, doch dann bewegt sich das Brett vorwärts. Miss jetzt die Länge des gedehnten Gummis und schreib sie auf.
Leg dann unter das Brett die drei Bleistifte und zieh wieder am Gummi. Was stellst du fest? Du brauchst deutlich weniger Kraft, das Brett bewegt sich leichter vorwärts. Miss jetzt wieder die Länge des gedehnten Gummis. Er ist kürzer.
Probier dasselbe mit den Murmeln: Du wirst feststellen, dass sich das Brett nun noch leichter bewegen lässt. Der Gummi wird noch weniger gedehnt.

Das geschieht:

Warum ist es so mühevoll, das Brett auf einer flachen Unterlage zu ziehen? Daran sind vor allem die Kräfte zwischen den kleinsten Stoffteilchen, den Molekülen, schuld. Sie versuchen, das Brett festzuhalten, und je größer die Auflagefläche ist, desto stärker. Man nennt das die „Gleitreibung" und braucht viel Kraft, um sie zu überwinden. Sehr viel kleiner ist die Auflagefläche bei der „Rollreibung". Deshalb lässt sich das Brett auf den Bleistiften leichter bewegen.
Am kleinsten ist die Reibung bei Kugeln. Deshalb stattet man im Motor schwer belastete Achsen und Wellen mit Kugellagern aus und macht sie so leicht beweglich.

Schon gewusst?

Flüssigkeiten verringern die Reibung. Das liegt daran, dass sich die Flüssigkeitsteilchen untereinander nicht so stark anziehen wie die Moleküle von festen Körpern. Deshalb ölen wir zum Beispiel Türen oder Fahrradketten. Und deshalb kann man auf nasser Straße mit dem Fahrrad oder mit dem Auto viel schlechter bremsen als auf trockener: Das Wasser verringert die Reibung zwischen Reifen und Straße. Als Schmiermittel ist Wasser trotzdem nicht geeignet, denn es fördert das Rosten und verdampft bei höheren Temperaturen. Mineralöl hat diese Nachteile nicht.

Was macht Stärke hart wie Gips?

Das brauchst du:
- Stärke (kein Mehl!) ■ Schüssel oder tiefen Teller ■ Küchenpapier

Dieser Versuch ist so verblüffend, dass man ihn sogar als Zaubertrick nutzen kann.

So geht's:

Rühr die Stärke mit wenig Wasser in einer Schüssel zu einem zähflüssigen Brei an. Er sollte frei von Klumpen sein. Tauch nun langsam einen Finger hinein. Wenn du ihn herausziehst, ist er weiß. Das wird dich kaum überraschen. Wisch dir nun den Finger mit dem Papier sauber und versuch, ihn noch einmal einzutauchen, jetzt aber ganz rasch. Du wirst staunen: Dem schnellen Finger gegenüber verhält sich der Brei hart wie Gips.

Das geschieht:

Die Moleküle der Stärke bilden eine Art Schwamm und binden das Wasser in zahllosen Hohlräumen. Wenn du langsam drückst, hat das Wasser Zeit, dem Druck nachzugeben und herauszufließen.

Wenn du aber ganz schnell drückst, schaffen es die Wassermoleküle nicht so fix, weil die Anziehungskräfte (also die Reibung) zwischen Stärke und Wasser zu groß sind.

Den gleichen Effekt gibt es bei reinem Wasser, allerdings erst bei sehr hohen Geschwindigkeiten. Wenn du etwa vom 10-Meter-Turm ins Becken springst, teilt sich das Wasser beim Aufprall ganz normal. Würdest du aber ohne Fallschirm aus einem Flugzeug stürzen, könnte es dir egal sein, ob unten Meer oder Land ist: Das Wasser wirkt bei dem hohen Falltempo so hart wie ein Betonboden.

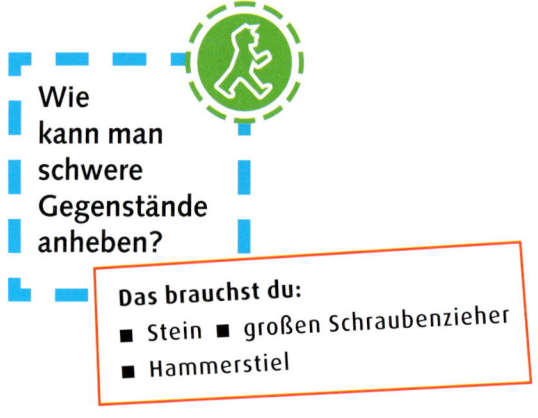

Wie kann man schwere Gegenstände anheben?

Das brauchst du:
- Stein
- großen Schraubenzieher
- Hammerstiel

So geht's:

Schieb das abgeflachte Ende des Schraubenziehers unter den Stein und leg den Hammerstiel quer unter den Schraubenzieher – er dient als Stütz- und Drehpunkt. Drück nun das andere Ende des Schraubenziehers herunter – ohne Mühe hebt sich der Stein.

Das geschieht:

Um die große Last, den Stein, einen Zentimeter zu heben, musst du das andere Ende des Schraubenziehers mit geringer Kraft einige Zentimeter herabdrücken. Was du an Kraft sparst, musst du also an zusätzlichem Weg aufwenden. Was du hier benutzt, ist eine der ältesten und einfachsten „Maschinen": der Hebel. Achte einmal darauf, wo du überall solche Hebel antriffst, um große Kraft auszuüben: zum Beispiel in der Zange, im Nussknacker, bei der Schubkarre, in der Schere oder bei Arbeiten mit dem Schraubenschlüssel.

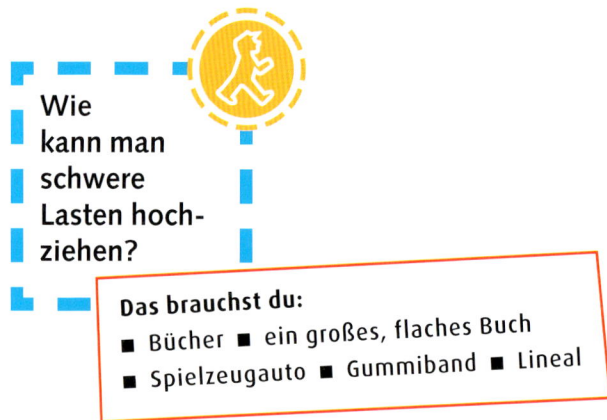

Wie kann man schwere Lasten hochziehen?

Das brauchst du:
- Bücher
- ein großes, flaches Buch
- Spielzeugauto
- Gummiband
- Lineal

Schon vor Jahrtausenden lösten Menschen technische Probleme. Sie wuchteten zum Beispiel den schweren Deckstein auf ein Hünengrab oder tonnenschwere Bausteine zur Spitze einer Pyramide hinauf. Kräne für solche Lasten waren damals noch nicht erfunden. Aber man wusste sich zu helfen.

So geht's:

Leg die Bücher in einem Stapel auf den Tisch. Befestige dann vorn am Auto das Gummiband. Heb das Auto am Gummiband bis zur Kante des Bücherstapels in die Höhe. Dabei dehnt sich der Gummi aus. Wenn das Auto am Band hängt, misst du die Länge des gedehnten Gummis. Leg nun das große Buch schräg gegen den Bücherstapel. Zieh das Auto diese „schiefe Ebene" hinauf und miss wieder die Länge des Gummis – er wird weniger stark gedehnt. Schräg hinauf geht es deutlich leichter, obwohl das Auto einen längeren Weg zurücklegen muss.

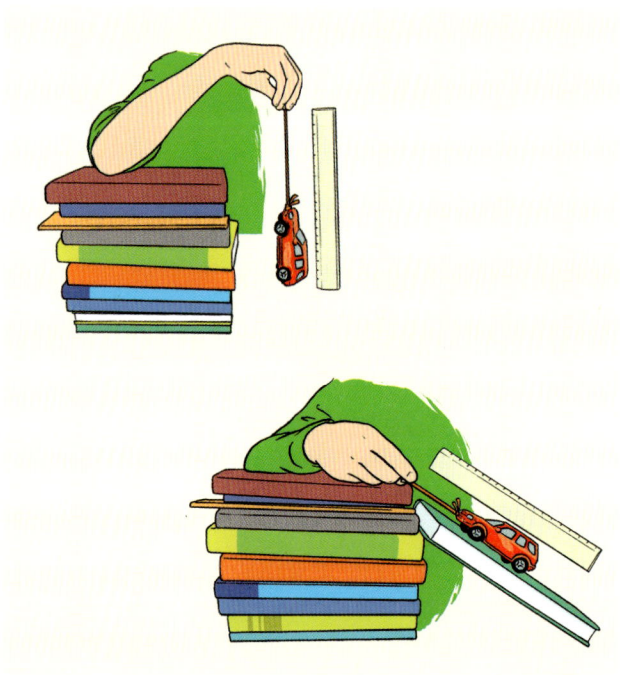

Das geschieht:

Einen Gegenstand eine „schiefe Ebene" hinaufzuziehen, ist viel einfacher, als ihn zu heben. Denn auch die Schräge ist ein Hebel: Statt großer Kraftaufwendung besteht hier ein langer Weg.
Du findest dieses Prinzip der „schiefen Ebene" zum Beispiel bei der Leiter, der Treppe und bei Bergstraßen. Sie sind meist vielfach gewunden, denn die Serpentinen verlängern den Weg zum Gipfel und machen ihn weniger steil. Die alten Baumeister ließen gewaltige Rampen aufschütten, um schwere Steinbrocken an den richtigen Ort zu ziehen. Nach dem Bau wurden die Rampen wieder abgetragen.

Schon gewusst?

Mit einer einfachen Umlenkrolle lassen sich schwere Gewichte viel leichter heben – denn mit beiden Beinen auf der Erde kann man besser ziehen und hat auch genug Platz für Helfer. In der Takelage der alten Segelschiffe gab es Dutzende solcher Rollen, dort „Blöcke" genannt. Sie dienten unter anderem zum Hochziehen der Segel von Deck aus.

Wie kann man seine Kraft vervielfachen?

Das brauchst du:
- 2 glatte Besenstiele ■ kräftiges Nylonseil (etwa 5 Meter) ■ zwei Helfer

Mit diesem Experiment kannst du deinen Freunden deine immense Körperkraft beweisen – solange sie den Trick nicht durchschauen …

So geht's:

Knote ins Ende des Seils eine feste Schlinge und schieb sie über einen der Besenstiele. Zwei Freunde sollen nun die Stiele in etwa 30 Zentimetern Abstand halten. Du wickelst das Seil dreimal um beide Stiele, wie das Foto zeigt. Dann sollen deine Freunde versuchen, die Besenstiele auseinanderzuziehen, während du am Seil ziehst.

Das geschieht:

Auch wenn deine Freunde ihre ganze Kraft einsetzen, wird es ihnen nicht gelingen, die Besenstiele auseinanderzuziehen. Dagegen kannst du mit wenig Kraft durch Ziehen am Seil die Stiele zusammenbringen. Auch hier findest du das Hebelprinzip: Besenstiele und Seil arbeiten als eine Art Kraftwandler zusammen. Nimm einmal an, du ziehst das Seil um einen Meter zu dir heran. Dann würden die beiden Stiele aber wegen der drei Wicklungen nur um ein Sechstel dieser Länge, nämlich etwa 17 Zentimeter, näher aneinanderrücken. Anders herum: Wenn deine Freunde die Stiele um 17 Zentimeter weiter auseinanderziehen wollten, müssten sie dein Seilende um einen Meter verkürzen. Oder noch anders: Um die beiden Stiele um 17 Zentimeter auseinanderzuziehen, brauchten sie sechsmal so viel Kraft wie du, wenn du das Seil um 17 Zentimeter verkürzen wolltest. Praktisch kommt also heraus: Bei drei Wicklungen bist du sechsmal so stark wie deine beiden Freunde.

Ein vergleichbares Gerät, das allerdings mit Rollen statt Besenstielen arbeitet, ist der Flaschenzug. Er wurde früher oft beim Heben von schweren Lasten eingesetzt. Ein Seil läuft dabei über mehrere Rollen – so wird der Kraftaufwand auf mehrere Seilstrecken verteilt.

Was ist in der Mechanik eine Übersetzung?

Das brauchst du:
- Brett ■ 2 Nägel ■ Hammer
- 1 kleines Glas und 1 großes Glas mit Deckel (wichtig sind unterschiedliche Durchmesser)
- Gummibänder

So geht's:

Schlag die beiden Nägel im Abstand von etwa 12 bis 15 Zentimetern von unten durchs Brett, sodass sie oben jeweils einige Zentimeter herausschauen. Bohr in die Deckel der beiden Gläser je ein Loch und schraube sie dann auf die Gläser. Steck auf den einen Nagel das kopfüber gestülpte große Glas, auf den anderen das kleine Glas. Verbinde nun beide „Rollen" mit Gummibändern. Achte dabei aber darauf, dass der Gummi nicht zu straff sitzt.

Drehst du jetzt langsam am großen Glas, so rotiert das kleine Glas schnell. Zähl, wie viele Umdrehungen es macht, während du das große Glas einmal drehst. Das Verhältnis beider Drehzahlen nennt man „Übersetzung". Dreh jetzt das kleine Glas. Du musst es oft drehen, bis das große Glas eine Umdrehung gemacht hat. Dies ist eine „Untersetzung".

Das geschieht:

Mit solchen Riemenantrieben kann man Drehzahlen variieren. Du findest Übersetzungen in vielen Maschinen, zum Beispiel an deinem Fahrrad: Schau dir nur einmal die Kette und ihre Zahnräder an. Auch das Getriebe im Auto ist eine Übersetzung: Die verschiedenen Zahnkränze übertragen die Kraft des Motors auf die Antriebswelle, die die Räder antreibt.

Was hält moderne Bauwerke zusammen?

Das brauchst du:
- Gipspulver (Baumarkt) ■ Eisendraht ■ 2 etwa gleich hohe Pappdeckel ■ Alufolie ■ leeren großen Jogurtbecher oder alte Schüssel ■ Wasser ■ Holzstab
- Ziegelsteine oder Bücher ■ Schwamm ■ Filzstift

Moderne Brücken und Tunnel oder gewaltige Wolkenkratzer von über 800 Metern Höhe wären mit normalem Beton als Baustoff nicht möglich. Deshalb kombiniert man heute Stahlseile mit Beton und erreicht so verblüffende Festigkeiten. Probier es aus – allerdings mit Gips statt ätzendem Betonbrei.

So geht's:

Ein Vorversuch soll zeigen, welche Kräfte zum Beispiel in einer Brücke wirken. Mal mit dem Filzstift auf die Mitte der Schwammunterseite zwei Striche in einigen Millimetern Abstand. Leg den Schwamm dann als Brücke zwischen zwei Bücher und drück in der Mitte von oben her darauf, als ob sich dort eine schwere Last befände. Der Schwamm biegt

Achtung:
Gipspulver staubt und gibt Flecken. Wähl für den Versuch einen alten Tisch und leg Zeitungen als Unterlage aus. Zieh alte Kleidung an und pass auf, dass du kein Gipspulver in die Augen bekommst und es auch möglichst nicht einatmest. Hinterher bitte gründlich Hände waschen! Gipsreste kannst du nach dem Erhärten in den Restmüll geben.

sich nach unten durch und an der Unterseite sind die Striche jetzt weiter auseinander als vorher: Hier herrschen Zugkräfte, die die Schwammstruktur auseinanderziehen.

Nun der Hauptversuch: Kleide die Pappdeckel innen mit Alufolie aus, um sie wasserfest zu machen. Form aus dem Eisendraht ein Gitter mit mehreren Längs- und einigen Querdrähten; die Verbindungen verdrillst du. Das Gitter sollte gerade in einen der Deckel hineinpassen.

Rühr im Jogurtbecher aus Gipspulver und Wasser einen nicht zu zähflüssigen Gipsbrei an und gieß beide Deckel gleich voll – jeweils etwa acht Millimeter hoch. Das Gitter sollte bedeckt sein.

Gib dem Gips bis zum nächsten Tag Zeit zum Erhärten. Lös dann die Gipstafeln vorsichtig heraus.

Bau dir zwei gleich hohe Bücherstapel oder stell zwei Ziegelsteine auf und leg zunächst die Gipstafel ohne Draht als Brücke darüber. Türm nach und nach Ziegelsteine auf die Mitte der Tafel und zähl mit, wie viele sie gerade noch trägt, ohne zu brechen. Wiederhole die Belastungsprobe mit der drahtbestückten Gipstafel und zähl wieder, wie viele Steine sie trägt.

Das geschieht:

Die mit Draht bewehrte Tafel trägt deutlich mehr Steine. Zudem bricht sie bei zu hoher Belastung nicht plötzlich weg, sondern knickt nur ab. Der Grund dafür liegt in den Zugkräften, die bei Belastung in der Tafel wirken – ebenso wie im Schwamm. Ihnen widersteht der Draht weit besser als der Gips allein.

Experimente mit erneuerbaren Energien

Kohle, Erdgas und Erdöl werden langsam knapp – kein Wunder bei unserem hohen Energieverbrauch. Also muss sich die Menschheit nach anderen Energiequellen umsehen, am besten solchen, die nicht bald rar werden, sondern sich immer wieder erneuern – etwa Sonnenenergie, Wind- und Wasserkraft. Dieses aktuelle Forschungsgebiet kannst du dir mit einigen spannenden Versuchen erschließen.

Kann man mit Sonnenwärme kochen?

Das brauchst du:
- großen und kleineren Karton ■ durchsichtige Folie ■ Klebeband
- Zeitungspapier
- Schere ■ Pinsel
- schwarze Farbe
- Lineal ■ Stück Apfel oder Bockwurst

So geht's:

Miss die Deckelgröße des kleinen Kartons und schneide aus der farblosen Folie zwei Rechtecke in dieser Größe. Schneide in den Deckel des kleinen Kartons ein rechteckiges Loch, lass dabei aber an jeder Seite noch gut einen Zentimeter Rand.

Pinsel nun den kleinen Karton innen vollständig schwarz. Innen und außen auf den Deckel legst du je eines der Folienstücke und fixierst sie mit Klebeband.

Gib in den großen Karton eine Schicht zerknülltes Zeitungspapier – gerade so hoch, dass der kleine Karton nicht über den Rand des großen hinausragt, wenn du ihn hineinstellst. Füll auch den Raum um den kleinen Karton mit Papierknäueln.

Leg in den kleinen Karton eine Scheibe Apfel oder etwas Bockwurst auf ein Stück farblose Folie. Richte den Karton so zur Sonne, dass möglichst viel Licht hineinfällt. Stell ihn dabei etwas schräg. Prüf alle paar Minuten die Temperatur im kleinen Karton und den Zustand der hineingelegten Speise.

Das geschieht:

Deine Speise wird ordentlich heiß. Der kleine Karton konzentriert dank seiner schwarzen Flächen die Sonnenwärme – ein dunkler Untergrund sammelt Wärme besonders gut ein. Entweichen kann die Wärme schlecht, denn die farblose Folie lässt ähnlich wie ein Isolierfenster am Haus die Sonnenstrahlen zwar eindringen, aber kaum wieder hinaus und auch die Papierknäuel isolieren gegen Wärmeverluste. Daher kann die Temperatur im Karton auf Werte über 70 Grad Celsius steigen. Die dunklen Solarkollektoren auf vielen Hausdächern arbeiten ganz ähnlich, wenn sie Wasser für die Heizung und zum Waschen erwärmen.

Tipp

Für diesen und die beiden nächsten Versuche brauchst du kräftigen Sonnenschein!

Lässt sich die Sonnenhitze konzentrieren?

Das brauchst du:
■ Lupe ■ schwarzes Papier oder Zeitungspapier

So geht's:

Halte die Linse ins Sonnenlicht und dahinter das schwarze Papier. Auf dem Papier erscheint die Sonne als heller Fleck. Verändere den Abstand zwischen Papier und Lupe (etwa zwischen zwei bis fünf Zentimeter), bis auf dem Papier ein winziger, strahlend heller Punkt erscheint. Man nennt ihn Brennpunkt und du siehst auch sofort warum: Eine feine Rauchfahne kräuselt sich empor und in wenigen Sekunden ist ein richtiges Loch entstanden.

Das geschieht:

Ursache sind die energiereichen Lichtstrahlen der Sonne. Eine Lupen-linse hat die Eigenschaft, Lichtstrahlen aufzufangen und an einem Punkt in bestimmtem Abstand von der Linse (der „Brennweite") zu sammeln. Dieser Fleck ist nun richtig heiß – seine Temperatur kann mehrere Hundert Grad Celsius erreichen, sodass Papier sich entzünden kann. Je größer die Linsenfläche, desto mehr Licht kann sie sammeln.

Schon gewusst?

Auch mit einem nach innen gewölbten Spiegel, einem Hohlspiegel, lassen sich die Sonnenstrahlen konzentrieren. Er bündelt die Sonnenstrahlen auf einem kleinen Fleck und kann so große Hitze erzeugen. Dieses Prinzip macht man sich beim Bau großer Sonnenkraftwerke zur Stromerzeugung zunutze. Sie besitzen meist nicht runde, sondern rinnenförmige Hohlspiegel. Statt eines Brennpunkts gibt es hier eine Brennlinie und entlang dieser Linie verlau-fen Röhren mit einer Spezialflüssig-keit, die durch die Sonnenwärme erhitzt wird. Die erhitzte Flüssigkeit wiederum dient zur Erzeugung von Wasserdampf und der Dampf treibt Turbinen und Stromerzeuger an. Beim geplanten Desertec-Projekt sollen solche Sonnenkraftwerke in der Sahara entstehen.

Achtung: Gib acht, dass das Papier nicht Feuer fängt, und schau keines-falls durch die Linse in die Sonne!

Wie kann man eine Sonnenfalle bauen?

Das brauchst du:
- Alufolie ■ Klebstoff ■ Schere
- großes Stück Pappe ■ Teelicht oder Schokolade ■ Paketklebeband

So geht's:
Schneide dir ein möglichst großes, rechteckiges Stück Pappe zurecht, etwa 70 mal 90 Zentimeter. Bekleb eine Seite möglichst glatt mit Alufolie, die glänzende Seite nach oben. Wenn der Klebstoff getrocknet ist, rollst du aus der Pappe eine „Schultüte", die Alufolie innen, und fixierst sie mit Klebeband.
Richte die Öffnung der Tüte zur Sonne. In der besten Stellung erscheint das Licht in der unteren Öffnung am hellsten.
Leg ein Teelicht oder etwas Schokolade in die Spitze der Tüte. Schon nach kurzer Zeit werden sie schmelzen, denn hier können Temperaturen von mehr als 130 Grad Celsius entstehen!

Das geschieht:
Die Alufolie fängt dank der Tütenform das Sonnenlicht ein und wirft es mehrfach zwischen den Wänden hin und her, bis es sich in der Spitze sammelt. Man nennt solch eine Tüte eine Sonnenfalle.

Wie funktioniert ein Wasserrad?

Das brauchst du:
- quadratisches Stück Holz (15 x 15 x 50 mm, Baumarkt) ■ 10 Nägel von je etwa 40 mm Länge ■ Paketklebeband ■ Garn ■ leere 1-Liter-Milchtüte ■ leere 0,5-Liter-PET-Flasche ■ Schere ■ Handbohrer ■ Hammer ■ Lineal ■ Bleistift ■ Wasserhahn

Wasserräder dienten viele Jahrhunderte lang als Kraftquelle, etwa für Mühlen und Sägewerke, später auch zur Stromerzeugung. Wie das funktioniert, kannst du hier ausprobieren.

So geht's:
Bohr auf jeder Längsseite des Holzstücks mit dem Handbohrer zwei Löcher vor, jedes etwa zehn Millimeter von der Mitte entfernt. Das Vorbohren ist wichtig, sonst reißt das Holz beim Einhämmern der Nägel. Schlag in jedes der Löcher einen Nagel ein – gerade so fest, dass er sicher hält. Die zwei Nägel jeder Seite verbindest du mit mehreren Lagen Paketklebeband.
Bohr nun an den Stirnseiten des Holzstücks je ein Loch genau im Zentrum vor und schlag je einen Nagel hinein – auch gerade so fest, dass er hält.
Nun schneidest du am Milchkarton an zwei gegenüberliegenden Längsseiten jeweils ein Stück aus, und zwar so groß, dass das Wasserrad gut hineinpasst. In die stehen gebliebenen Längsseiten stichst du mit der Schere genau gegenüber zwei Löcher, die gerade so groß sind wie die Nagelköpfe. Setz nun das Wasserrad so ein, dass die Nägel durch diese Löcher ragen – sie dienen als Drehachse. Prüf mit einem Testlauf unterm Wasserhahn, ob das Wasserrad gut und frei läuft.

An einem der herausstehenden Nägel befestigst du mit Klebeband ein etwa 70 Zentimeter langes Stück Garn und wickelst einige Windungen auf, damit es nicht wegrutscht. Am anderen Ende des Garns bindest du mit stabilen Knoten die leere PET-Flasche an.

Halte nun das Wasserrad unter den Wasserstrahl: Es zieht die leere Flasche beim Drehen problemlos empor. Füll die Flasche in weiteren Versuchen mit immer mehr Wasser und probier die Hebekraft deines Wasserrads aus – solange die Garnbefestigung hält. Ist die Hebekraft auch von der Stärke und Kraft des Wasserstrahls abhängig?

Das geschieht:

Mithilfe von Wasserrädern lassen sich große Lasten bewegen. In vielen Entwicklungsländern sind sie auch heute noch unverzichtbar.

Heutige Wasserkraftwerke nutzen Turbinen – das sind im Grunde verbesserte, leistungsfähigere Wasserräder. Sie erzeugen aus der Kraft der Drehung mithilfe von Generatoren (Stromerzeugern vergleichbar dem Fahrraddynamo) elektrischen Strom.

Schon gewusst?

Auch die Energie des fallenden oder fließenden Wassers ist eine Form von Sonnenenergie, weil wir letztlich der Sonne auch den Niederschlag verdanken. Große Wasserkraftwerke besitzen meist riesige Stauseen, die das Wasser speichern. Von dort leitet man es auf Turbinenschaufeln und die Turbinen treiben wiederum Strom erzeugende Generatoren. Laufwasserkraftwerke dagegen nutzen die Kraft der Wasserströmung von Flüssen. Zunehmend baut man auch Kleinwasserkraftwerke an kleinen Flüssen oder modernisiert alte Anlagen. Solche Kleinwasserkraftwerke können in großer Zahl errichtet werden. Sie liefern zwar nur relativ kleine Strommengen, sind dafür aber viel billiger als Großkraftwerke.

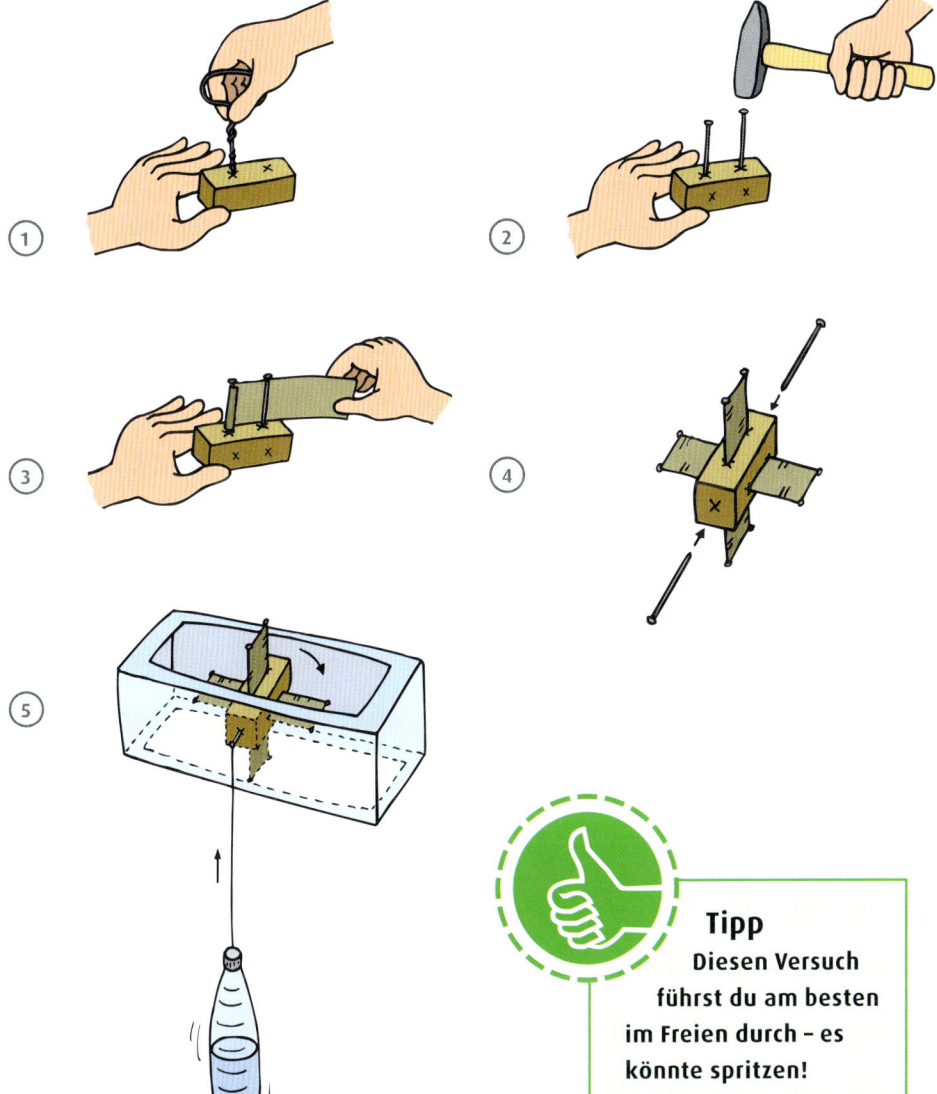

Tipp
Diesen Versuch führst du am besten im Freien durch – es könnte spritzen!

? **Schon gewusst?**

Schon gewusst?

Im Mittelalter gehörten Windmühlen neben Wassermühlen zu den wichtigsten Maschinen. Es gab zum Beispiel Ölmühlen, Sägemühlen und Mühlen, die Schöpfwerke antrieben. Am häufigsten waren die Getreidemühlen: Ihre Flügel bewegten ein Mahlwerk, in dem Getreide zu Mehl zermahlen wurde. Die Mühle arbeitete, wenn der Wind wehte – bei Tag und bei Nacht. Erst die Entwicklung der Dampfmaschine im 19. Jahrhundert führte dazu, dass die Windmühlen allmählich durch andere, wirkungsvollere Mühlen ersetzt wurden.

So geht's:

Halbiere zunächst die Schaschlikspieße. Steck dann die vier halben Schaschlikspieße in den Korken, wie es das Foto zeigt. Befestige daran mit Klebeband rechteckige Pappstücke passender Größe, also von etwa acht Zentimetern Länge und drei Zentimetern Breite. Steck nun möglichst genau in die Mitte des Korkens einen langen Schaschlikspieß als Achse. Diese Anordnung stellst du in die schräg gehaltene Flasche; sie dient als Lager für die Drehung.

Stell nun die Pappflügel im Winkel von etwa 20 bis 30 Grad schräg. Teste das Windrad mit einem Föhn oder einem Ventilator. Wenn gerade ein starker Wind weht, kannst du es auch im Freien ausprobieren.

Wie kann man die Kraft des Windes nutzen?

Das brauchst du:
- Korken ▪ Pappe ▪ Schere ▪ 3 lange Schaschlikspieße aus Holz ▪ 0,5-Liter-PET-Flasche ▪ Geodreieck ▪ Flasche oder Becher ▪ Garn ▪ Klebeband ▪ Föhn oder Ventilator

Die Kraft des Windes treibt Windmühlen und Segelschiffe seit Jahrtausenden. Aber erst seit wenigen Jahren nutzt man diese unerschöpfliche Energiequelle in großem Stil zur Stromerzeugung. Überall werden jetzt Türme mit mächtigen Windrädern errichtet. Ein einfaches Windrad, das die Kraft des Windes zeigt, kannst du dir auch leicht selbst basteln.

Eventuell musst du die Schrägstellung der Flügel noch etwas nachregulieren.

Läuft das Windrad gut, soll es auch arbeiten. Befestige ein etwa 60 Zentimeter langes Stück Garn mit Klebeband an der Drehachse nahe beim Korken und wickle einige Windungen auf, damit es nicht wegrutscht.

Am anderen Ende des Garns bindest du mit stabilen Knoten die leere PET-Flasche an. Nun hältst du das Windrad vor den Föhn oder den Ventilator. Es dreht sich und zieht dabei die Flasche empor. Füll die Flasche nun zu etwa einem Drittel mit Wasser, schraube sie zu und lass wieder dein Windrad arbeiten. Durch Veränderung der Wasserfüllung kannst du ausprobieren, welche Hubkraft es entwickelt. Aber Achtung: Die Knoten werden dabei stark belastet, das Garn kann leicht wegrutschen!

Das geschieht:

Der Versuch zeigt, dass selbst die vergleichsweise schwache Luftströmung des Föhns bzw. Ventilators an diesem einfachen Windrad ganz ordentliche Kräfte entfaltet. Die großen Windkraftanlagen mit ihren gewaltigen Propellern können natürlich dank ihrer speziellen Bauweise noch weit größere Energiemengen aus dem Wind entnehmen. Sie treiben damit Generatoren an, die Strom erzeugen. Seit einigen Jahren stehen solche Anlagen an vielen herausragenden Punkten, also dort, wo der Wind möglichst häufig und stark weht.

Schon gewusst?

Heute drehen sich weltweit an vielen Orten gewaltige Windräder mit Flügeldurchmessern von über 100 Metern. In Deutschland liefern sie bereits knapp acht Prozent des elektrischen Stroms. In den kommenden Jahren soll diese Leistung kräftig gesteigert werden – durch Offshore-Windparks, also vor der Küste im offenen Meer installierte Anlagen. Hier weht der Wind stärker und gleichmäßiger. Allein vor der deutschen Nord- und Ostseeküste werden in den nächsten Jahren über 25 hochleistungsstarke Windparks entstehen. Der erste davon, der Windpark Alpha Ventus, ging 2010 in Betrieb. Weitere Anlagen entstehen auch in Großbritannien, Skandinavien, Spanien und anderen Ländern. Immerhin gewinnt eine Windkraftanlage bis zu 80-mal mehr Energie, als zu ihrer Herstellung nötig war – dieses Verhältnis ist weit günstiger als bei fast allen anderen Kraftwerksarten. Seit einigen Jahren arbeiten Forscher auch daran, mögliche negative Auswirkungen der Anlagen auf die Umwelt – etwa auf Zugvögel und Meerestiere – zu erforschen.

Experimente mit Magnetismus und Strom

Von außen sieht ein Magnet ganz harmlos aus. Und doch übt er auf manche Stoffe eine geheimnisvolle Anziehungskraft aus. Ganz anders, aber ähnlich rätselhaft ist der elektrische Strom: Man kann ihn nicht sehen, aber seine vielfältigen Wirkungen spüren. Deine Versuche werden zeigen, dass Elektrizität und Magnetismus „im Innersten zusammenhängen": Mit Magneten kann man Strom erzeugen, stromdurchflossene Spulen wiederum stellen starke Magnete dar.

Achtung: Nutze für die Versuche nur Batteriestrom. Steck niemals einen Draht in die Steckdose – der Steckdosenstrom ist tödlich!

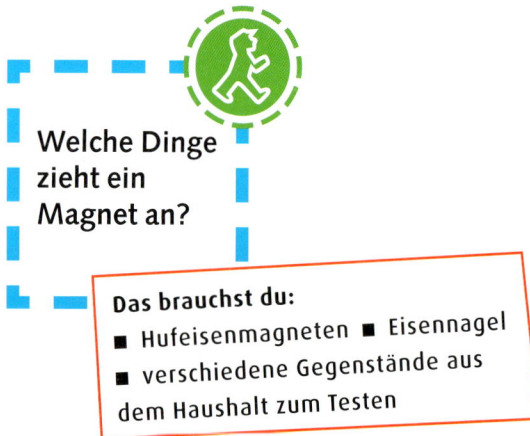

Welche Dinge zieht ein Magnet an?

Das brauchst du:
- Hufeisenmagneten ■ Eisennagel
- verschiedene Gegenstände aus dem Haushalt zum Testen

So geht's:
Such dir einige kleine Gegenstände zusammen, etwa Büroklammern, Nadeln, Gummibänder, ein Stück Stoff, Streichhölzer, Murmeln, 1-, 2- oder 5-Cent-Münzen und Nägel. Bring den Magneten in ihre Nähe. Welche Dinge zieht der Magnet an? Streich mit einem Nagel am Magneten entlang und prüf, ob er überall gleich stark angezogen wird. Häng an deinen Magneten einen Eisennagel (keinen Stahlnagel!) und prüf jetzt die Anziehungskraft des Nagels, etwa auf Büroklammern. Was geschieht, wenn du den Nagel nun wieder vom Magneten löst?

Das geschieht:
Büroklammern, Nadeln, Münzen und Nägel werden vom Magneten angezogen – und zwar schon lange bevor er sie berührt. Bei Streichhölzern, Murmeln, Gummi oder Stoff passiert nichts. Die Magnetkraft wirkt nämlich auf Dinge, die Eisen enthalten. Deshalb sind auch die 1-, 2- und 5-Cent-Münzen so stark magnetisch: Sie bestehen aus Stahl (einer Verbindung von Eisen und Kohlenstoff), das mit Kupfer beschichtet ist. Außer Eisen ziehen Magnete noch zwei andere Metalle an, Nickel und Kobalt, aber diese sind seltener. Die Anziehungskraft wirkt nur an den Enden des Magneten, zur Mitte hin nimmt sie stark ab. Man nennt die Kraft aussendenden Enden eines Magneten „Pole", die Mitte dagegen „neutrale Zone". Ein Magnet kann seine Kraft auch auf andere Eisenteile übertragen, in diesem Fall auf den Nagel. Doch der Nagel bleibt nicht dauerhaft magnetisch, sondern „leiht" sich nur die Kraft vom Magneten, solange er mit diesem verbunden ist.

Kann die Magnetkraft andere Stoffe durchdringen?

Schon gewusst?
Der Name Magnet kommt vermutlich von der Stadt Magnesia in Kleinasien (in der heutigen Türkei). Dort haben griechische Naturforscher schon vor über 2 600 Jahren ein Erz entdeckt, das Eisen anzieht. Es ist eine Eisen-Sauerstoff-Verbindung – wir nennen sie heute Magnetit. Auch im alten China kannte man schon vor über 2 000 Jahren die Magnetkraft.

Ob es die Magnetkraft schafft, auch andere Stoffe wie Metall, Holz, Glas, Plastik oder Pappe zu durchdringen? Und auf welche Entfernung ist sie zu spüren?

So geht's:
Bau auf dem Tisch zwei Bücherstapel auf, leg darüber den Stab und binde in der Mitte des Stabs den Magneten fest, sodass die Pole nach unten zeigen. An der Büroklammer befestigst du den Bindfaden. Halte jetzt die Büroklammer unter den Magneten, zieh den Faden zur Tischplatte hin straff und kleb ihn dort fest. Wenn du nun die Klammer loslässt, fällt sie nicht herunter, sondern bleibt in der Luft stehen und zeigt auf den Magneten.
Schieb nun, ohne die Büroklammer zu berühren, verschiedene Gegenstände zwischen Klammer und Magneten: ein Blatt Papier, ein Stück Pappe, eine Glasscheibe, eine Plastiktüte, einen hölzernen Kochlöffel. Was geschieht? Die Büroklammer bleibt in der Luft stehen; die Magnetkraft wirkt also durch die Gegenstände hindurch.
Schieb nun eine Messerklinge zwischen Büroklammer und Magnet – die Klammer fällt herab. Das passiert ebenso beim Deckel einer Konservendose.

Das geschieht:
Holz, Glas, Plastik und Pappe sind kein Hindernis für die Magnetkraft, aber hinter einem eisenhaltigen Gegenstand ist sie nicht mehr zu spüren: Eisen schirmt die Magnetkraft ab.

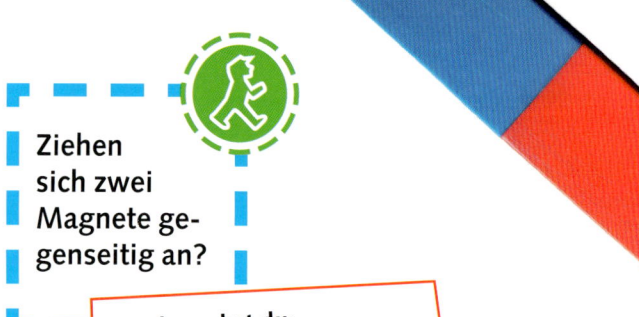

Ziehen sich zwei Magnete gegenseitig an?

Das brauchst du:
- 2 Stabmagnete
- 2 Hufeisenmagnete

So geht's:

Nimm zwei stabförmige Magnete und leg einen davon auf den Tisch. Schieb den anderen langsam an den ersten heran und beobachte, was geschieht. Nun dreh einen der Magnete um und wiederhole das Experiment. Wiederhole es außerdem mit den zwei Hufeisenmagneten.

Das geschieht:

Jeder Magnet hat zwei verschiedene Pole, die zur Unterscheidung Nord- und Südpol genannt werden. Auf manchen Magneten ist diese Bezeichnung (N und S) eingeprägt; manchmal ist der Nordpol rot, der Südpol blau lackiert. Jeweils die gleichen Pole (Süd-Süd und Nord-Nord) stoßen sich ab, ungleichnamige (Süd-Nord) ziehen sich an.

Wie wird die Anziehungskraft eines Magneten sichtbar?

Das brauchst du:
- 2 Hufeisenmagnete ■ 2 Stabmagnete ■ Eisenfeilspäne (fein geraspeltes Eisen vom Schlosser) oder Eisenpulver (kann man über das Internet bestellen) ■ weißes Papier ■ Klebeband

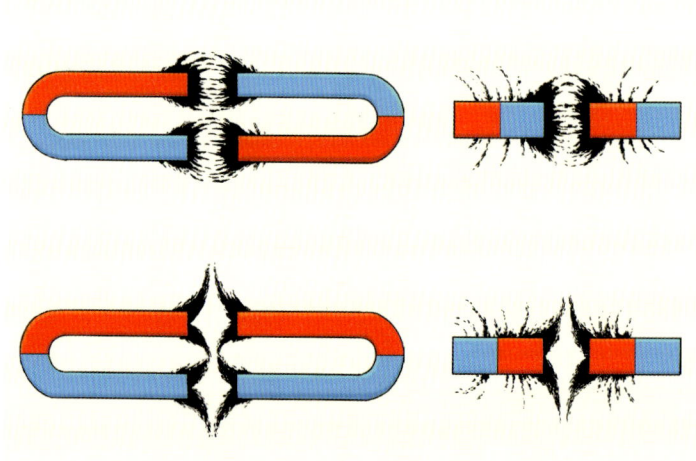

So geht's:

Leg auf einen der Hufeisenmagnete das Stück Papier und streu Eisenfeilspäne darauf. Besonders wenn du das Papier noch durch Klopfen mit dem Finger etwas erschütterst, ordnen sich die Späne zu merkwürdigen Linien, die von einem Pol zum anderen führen. Wiederhole den Versuch mit einem Stabmagneten.

Kleb beide Hufeisenmagnete auf dem Tisch fest: im ersten Versuch so, dass sie sich anziehen, im zweiten so, dass sie sich abstoßen. Leg jeweils Papier darauf und streu Eisenfeilspäne auf das Papier. Wie sehen die Muster nun aus?

Das geschieht:

Jedes der kleinen Eisenspänchen wird durch den Magneten selbst magnetisch. Es bekommt einen Nord- und einen Südpol und ordnet sich so an, dass sein Nordpol zum Südpol des Magneten zeigt. Außerdem ziehen sich die ungleichnamigen Pole der Späne natürlich auch an – so entstehen die feinen Ketten. Diese „Kraftlinien" formen ein Abbild der Kraft, mit der ein Magnet in seine Umgebung wirkt. Physiker sagen, der Magnet erzeugt um sich herum ein „magnetisches Feld".

am Kompass machen – auch dessen Nadel ist ein besonders leicht beweglich gelagerter kleiner Magnet.

Das geschieht:

Die Erdkugel selbst ist magnetisch. Sie verhält sich, als ob in ihrem Zentrum ein riesiger Stabmagnet eingebacken wäre. Allerdings fallen dessen Pole nicht genau mit den Drehpolen der Erde zusammen; der magnetische Pol liegt jeweils einige Tausend Kilometer vom geografischen Pol entfernt. Auch die Erde besitzt magnetische Kraftlinien von einem Pol zum anderen; sie sind mehr als 20 000 Kilometer lang! Stabmagnet und Kompassnadel verhalten sich in diesem gigantischen, wenn auch vergleichsweise schwachen Magnetfeld wie die Eisenfeilspäne – sie stellen sich längs der Kraftlinien ein. Daher zeigt eine Kompassnadel stets etwa in Nord-Süd-Richtung.

Wie die Magnetkraft der Erde zustande kommt, ist noch nicht ganz geklärt. Eine Rolle spielen dabei gewaltige elektrische Ströme im Erdkern, der aus glutflüssigem Nickel und Eisen besteht.

?

Schon gewusst?

Früher glaubte man, ein gewaltiger Magnetberg ziehe die Kompassnadel an. Alte Erzählungen, etwa von Sindbad dem Seefahrer, berichten, dieser Berg liege irgendwo in den nördlichen Meeren. Käme ein Schiff dem Berg zu nahe, so zöge die Magnetkraft alle Eisenteile aus dem Schiff heraus, auch die eisernen Nägel. Es zerbräche und alle an Bord müssten elend ertrinken.

Kann man einen Magneten als Kompass benutzen?

Das brauchst du:
- 3 Holzstangen (je etwa 30 cm lang) ■ Klebeband
- Nähgarn ■ Kompass
- Stabmagneten

So geht's:

Bau aus den Stangen eine Art Ständer und binde den Magneten so daran fest, dass er waagrecht hängt und frei schwingen kann. Stoß ihn mehrmals an, lass ihn zur Ruhe kommen und merk dir jeweils die Richtung, in die er zeigt. Stets wird er mit einem Pol in die Himmelsrichtung Norden, mit dem anderen nach Süden zeigen. Von dieser nordweisenden Kraft stammt auch die Bezeichnung der Pole des Magneten. Dieselbe Beobachtung kannst du

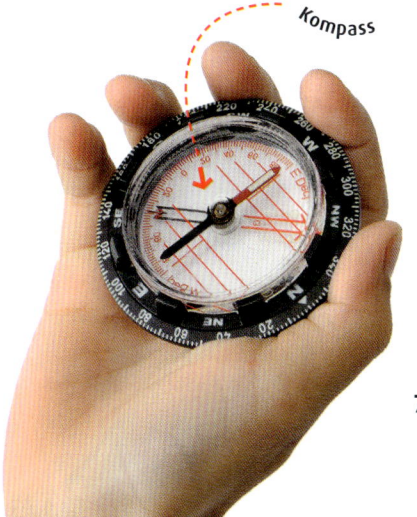

Kompass

Nadel und Korken werden zum Kompass!

Wie kannst du selbst einen Magneten herstellen?

Das brauchst du:
- 2 Nähnadeln aus Stahl ■ Magnet
- Kompass ■ Korken ■ Schüssel

So geht's:
Streich mit einem Pol deines Magneten immer wieder von oben nach unten über die Nähnadel. Du musst etwa 50- bis 70-mal darüberstreichen, aber immer in derselben Richtung, also nicht hin und her.
Probier nun, ob du mit der Nadel eine andere Nadel aufheben kannst und ob dein Kompass auf den neu geschaffenen Magneten reagiert. Du kannst die Nadel jetzt sogar als Kompass verwenden: Leg sie auf einen im Wasser schwimmenden Korken und sie wird sich in Nord-Süd-Richtung einstellen.

Das geschieht:
Eisen und Stahl verhalten sich Magneten gegenüber unterschiedlich: Ein Eisennagel wird nur im Kontakt mit einem Magneten magnetisch. Die Stahlnadel dagegen nimmt die Magnetkraft dauerhaft an; sie wird selbst zum Magneten.

Was ist ein Stromkreis?

Das brauchst du:
- isolierten Kupferdraht (etwa 30 cm)
- 4,5-Volt-Flachbatterie ■ 4,5-Volt-Glühbirne ■ Klebeband ■ Schere
- 2 Büroklammern

Mit diesem und den folgenden Versuchen verlässt du vorübergehend den Magnetismus und untersuchst den elektrischen Strom. Später wirst du sehen, wie eng diese beiden Erscheinungen zusammenhängen.

So geht's:
Schneide mit der Schere zwei Drahtstücke von je 15 Zentimetern Länge ab und entferne die Isolierung (den Plastiküberzug) an den Enden je drei Zentimeter weit. Jetzt sollten an jedem Drahtende etwa drei Zentimeter rotes Kupfer zu sehen sein. Leg nun das Ende eines der Drähte auf die lange Lasche der Batterie und klemm es mit einer Büroklammer fest. Das Ende des zweiten Drahtstücks befestigst du mit einer weiteren Büroklammer an der kurzen Lasche der Batterie. Pass auf, dass sich die beiden freien Drahtenden nicht berühren!

? Schon gewusst?

Den elektrischen Stromkreis kannst du dir wie einen Wasserkreislauf vorstellen. Die Batterie entspricht der Pumpe, die Drähte entsprechen den Wasserrohren und das Lämpchen einem kleinen Propeller, der vom fließenden Wasser in Bewegung gesetzt wird.

Solange die Pumpe nicht arbeitet, ist zwar Wasser in den Rohren, aber es steht still, ebenso der Propeller. Erst wenn die Pumpe den Wasserkreislauf in Bewegung gesetzt hat, dreht sich auch der Propeller. Es ist also nicht das Wasser an sich, sondern das fließende Wasser, das ihn dreht.

Im Stromkreis fließt natürlich kein Wasser. Aber es bewegen sich winzig kleine Teilchen, noch viel kleiner als Atome, durch die Drähte. Man nennt diese Teilchen Elektronen. Sie sind im Draht, in der Glühwendel des Lämpchens und in der Batterie ständig vorhanden. Die Batterie erzeugt keine Elektronen, aber sie setzt sie in Bewegung, so wie die Pumpe das Wasser in Bewegung setzt.

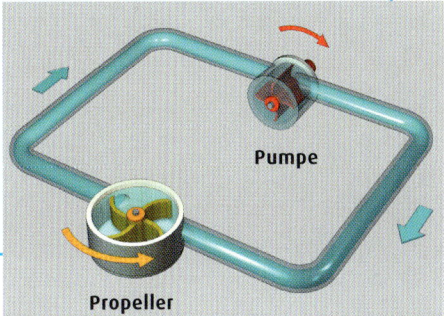

Pumpe

Propeller

Jetzt schließt du die Drähte an der Glühbirne an. Bieg eines der beiden freien Drahtenden zu einer Schleife, die etwa so groß ist wie das Glühbirnengewinde. Schieb die Glühbirne in die Schlaufe, zieh die Schlaufe zusammen, sodass sie straff sitzt, und befestige sie noch durch Umwickeln mit Klebeband. Lass aber den Fuß der Glühbirne mit dem Metallpunkt frei.

Nimm jetzt die Birne und berühre mit dem letzten freien Drahtende den Metallpunkt an ihrem Fuß. Wenn du alles richtig gemacht hast, leuchtet sie auf.

Das geschieht:

Vielleicht fragst du dich, warum das Birnchen erst leuchtet, wenn beide Drähte angeschlossen sind. Wenn die Batterie Strom durch den Draht zum Lämpchen schickt, sollte doch eigentlich eine einzige Drahtverbindung reichen.

Bei Strom ist das aber anders. Elektrischer Strom fließt nur dann, wenn er von einem Anschluss der Batterie (dem Minuspol) zum anderen Anschluss (dem Pluspol) gelangen kann. Dieser „Stromkreis" muss geschlossen sein. Nur wenn der Strom von einem Pol zum anderen fließen kann, vermag er unterwegs Arbeit zu leisten, zum Beispiel ein Lämpchen zum Leuchten zu bringen oder einer Spule Magnetkraft zu verleihen.

Tipp

Die Strom-Experimente sind am einfachsten mit 4,5-Volt-Flachbatterien durchzuführen, erhältlich im Elektrogeschäft oder übers Internet. Wenn du 9-Volt-Batterien verwendest, musst du den Draht gut mit Klebeband an den Polen der Batterie befestigen. Achte auch darauf, dass die Voltzahl von Glühbirne und Batterie übereinstimmt.

Leitet nur Kupferdraht den elektrischen Strom?

Das brauchst du:
■ Drahtverbindungen und Büroklammern aus dem vorigen Versuch ■ 4,5-Volt-Flachbatterie ■ 4,5-Volt-Glühbirne ■ Dinge zum Testen aus dem Haushalt (z.B. Messingschraube, Eisennagel, Streichholz, Bindfaden, Plastikbecher, Glas, Alufolie, Mine eines Bleistifts)

Warum verbinden wir Lämpchen und Batterie eigentlich mit Draht? Täte es vielleicht auch ein dünner Plastikstreifen? Oder ein Stück Garn?

So geht's:
Verbinde wie im vorigen Versuch das Lämpchen mit der Batterie, ersetze dabei aber einen Teil des Stromkreises nacheinander durch einen Gegenstand aus Messing, einen eisernen Nagel, ein Streichholz, einen Bindfaden, ein Stück Plastik, ein Glas, einen Streifen Alufolie oder das graue Innere eines Bleistifts. Wann leuchtet die Birne, wann nicht? Welche Stoffe lassen also den Strom passieren?

Schon gewusst?
Elektronen sind in allen Stoffen vorhanden. Sie sind ein wichtiger Bestandteil der Atome, aus denen alle Dinge bestehen. Warum aber leiten dann nicht alle Stoffe den Strom? Weil die Elektronen unterschiedlich fest an die Atome gebunden sind. In den Metallen können sie sich recht frei von Atom zu Atom bewegen – und dieses Fließen macht ja gerade den elektrischen Strom aus. In Plastik oder Holz aber muss jedes Elektron bei seinem Atom bleiben.

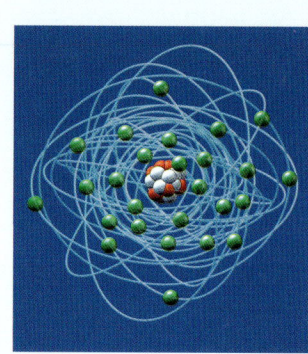

Links ein Eisenatom mit Elektronen (grün)

Das geschieht:
Alle Metalle leiten den elektrischen Strom. Die Mine des Bleistifts besteht nicht aus Blei, sondern aus Grafit, einer Form des chemischen Elements Kohlenstoff, die den Strom leitet. In Holz, Glas, Plastik und Stoff dagegen fließt der Strom nicht. Diese Stoffe nennt man Isolatoren. Deswegen ist dein Draht von Plastik umhüllt. Die Isolation verhindert, dass Strom fließt, wenn sich zwei isolierte Drahtabschnitte berühren.

Warum legt man in elektronische Geräte oft mehrere Batterien ein?

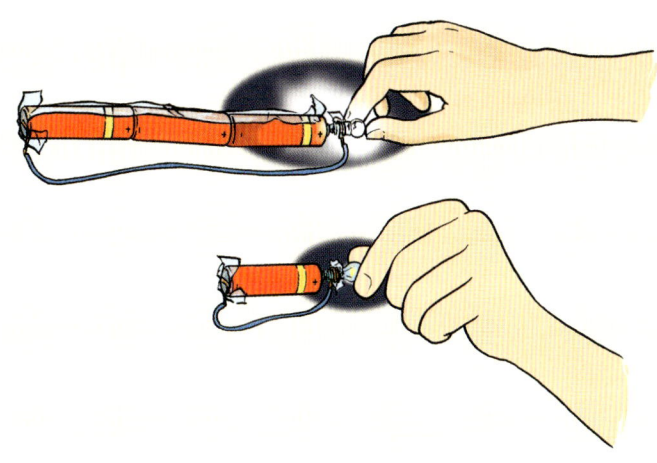

Das brauchst du:
- Drahtstück (etwa 20 cm lang)
- 3 Mignonzellen (Batterien)
- Taschenlampenglühbirne (zwischen 4,5 und 6 Volt) ■ Klebeband

So geht's:

Isoliere die Drahtenden ab, sodass das blanke Metall sichtbar ist. Form an einem Ende eine Schlaufe und schieb sie über das Gewinde der Glühbirne, zwirble den Draht fest und fixier ihn zusätzlich mit Klebeband. Das andere Drahtende befestigst du mit Klebeband an der Unterseite einer Mignonzelle. Drück nun die Unterseite des Birnchens auf den Zapfen an der Oberseite der Mignonbatterie. Es glimmt nur schwach auf.

Leg die Batterie mitsamt Drahtanschluss auf den Tisch, leg eine weitere dazu, sodass sich die Unterseite der zweiten und die Oberseite der ersten Batterie berühren, und kleb sie mit Klebeband zusammen. Tipp jetzt mit der Unterseite des Birnchens auf den oberen Anschluss der zweiten Batterie – es leuchtet deutlich heller auf. Füg noch die dritte Batterie in gleicher Weise dazu und prüf wieder mit dem Birnchen – nun leuchtet es strahlend hell.

Das geschieht:

Eine einzelne Batterie hat deutlich weniger Kraft als mehrere in Reihe verbundene Batterien. Man nennt diese „Kraft" der Batterie ihre elektrische

Tipp

Damit sich die Spannungen mehrerer Batterien addieren, musst du immer Pluspol mit Minuspol verbinden. Die verschiedenen Anschlüsse sind mit Plus (+) an der Oberseite und Minus (–) an der Unterseite gekennzeichnet. Wenn du Plus mit Plus oder Minus mit Minus verbindest, heben sich die Spannungen auf.

Spannung und misst sie in der Einheit Volt. Je höher die elektrische Spannung ist, desto größer ist die Kraft, mit der der Strom durch die Leitungen gepumpt wird, und desto stärkerer Strom kann fließen. Deshalb leuchtet die Birne mit steigender Spannung heller: Es fließt ein stärkerer Strom durch ihren Glühdraht. Eine Mignonzelle hat 1,5 Volt, drei hintereinandergeschaltete 4,5 Volt.

Schon gewusst?

Elektrische Stromquellen haben ganz unterschiedliche Spannungen. Batterien für Elektronikgeräte liegen meist zwischen 1,5 und 9 Volt. Autobatterien liefern 12 Volt. Der Steckdosenstrom hat sogar 230 Volt und ist daher lebensgefährlich. In der Zuleitung von Eisenbahnen herrschen mehrere Tausend Volt, in Hochspannungsleitungen mehrere Hunderttausend Volt (der Rekord liegt bei 1,1 Millionen Volt). In einer Gewitterwolke bilden sich sogar Spannungen von vielen Millionen Volt und können dann kilometerlange Blitze erzeugen.

Wie hängen Strom und Magnetismus zusammen?

Das brauchst du:
- isolierten Kupferdraht (etwa 50 cm lang)
- Batterie (4,5 Volt oder 9 Volt)
- Kompass
- 2 Büroklammern

Schon gewusst?

Oersted entdeckte den Zusammenhang zwischen Strom und Magnetismus ganz zufällig. Er war gerade dabei, mit elektrischem Strom zu experimentieren. Ein Draht war auf seinen Kompass gefallen und lag über der Magnetnadel. Als Oersted den Strom anschaltete, zuckte plötzlich die Nadel und schlug aus. Erstaunt schaltete der Forscher den Strom ab und sofort drehte sich die Nadel wieder in ihre vorige Stellung. Oersted konnte seine Beobachtung damals noch nicht erklären. Und erst recht konnte er nicht ahnen, was dieser Zufallsfund bewirkte: Fast das ganze Gebiet der Elektrotechnik mit Elektromotoren, Dynamos, Funk und Fernsehen, Telegrafen und Telefonen fußt darauf.

Im Jahre 1820 entdeckte der dänische Naturforscher Hans Christian Oersted, dass die beiden Naturphänomene Magnetismus und Strom eng miteinander verbunden sind. Grund genug, experimentell auf den Spuren Oersteds zu wandeln …

So geht's:

Entferne die Isolierung von den beiden Enden des Kupferdrahts. Wickle ihn zweimal um den Kompass und schließe zunächst ein Ende davon an einen Anschluss der Batterie an. Leg den Kompass so, dass dessen Nadel quer zu der Drahtschleife steht (weil die Nadel in Nord-Süd-Richtung zeigt, weist die Wicklung also in West-Ost-Richtung). Berühre nun mit dem freien Drahtende den zweiten Anschluss der Batterie und beobachte dabei die Kompassnadel. Sie wird einen kräftigen Satz machen und sich dann in einem bestimmten Winkel zum Draht einstellen – solange Strom fließt. Entfernst du den Draht wieder von der Batterie, dreht sich die Nadel zurück in ihre vorige Stellung.

Das geschieht:

Elektrizität und Magnetismus, das zeigt der Versuch, sind keineswegs voneinander unabhängige Naturerscheinungen. Ein Draht, der von elektrischem Strom durchflossen wird, verhält sich wie ein Magnet. In einem späteren Versuch wirst du sehen, dass man auch mithilfe eines Magneten elektrischen Strom erzeugen kann.

Tipp

Dieses und die nächsten Experimente gelingen am besten mit lackisoliertem Kupferdraht. Du kannst solchen Draht in Elektronikbastelgeschäften kaufen oder über das Internet bestellen.

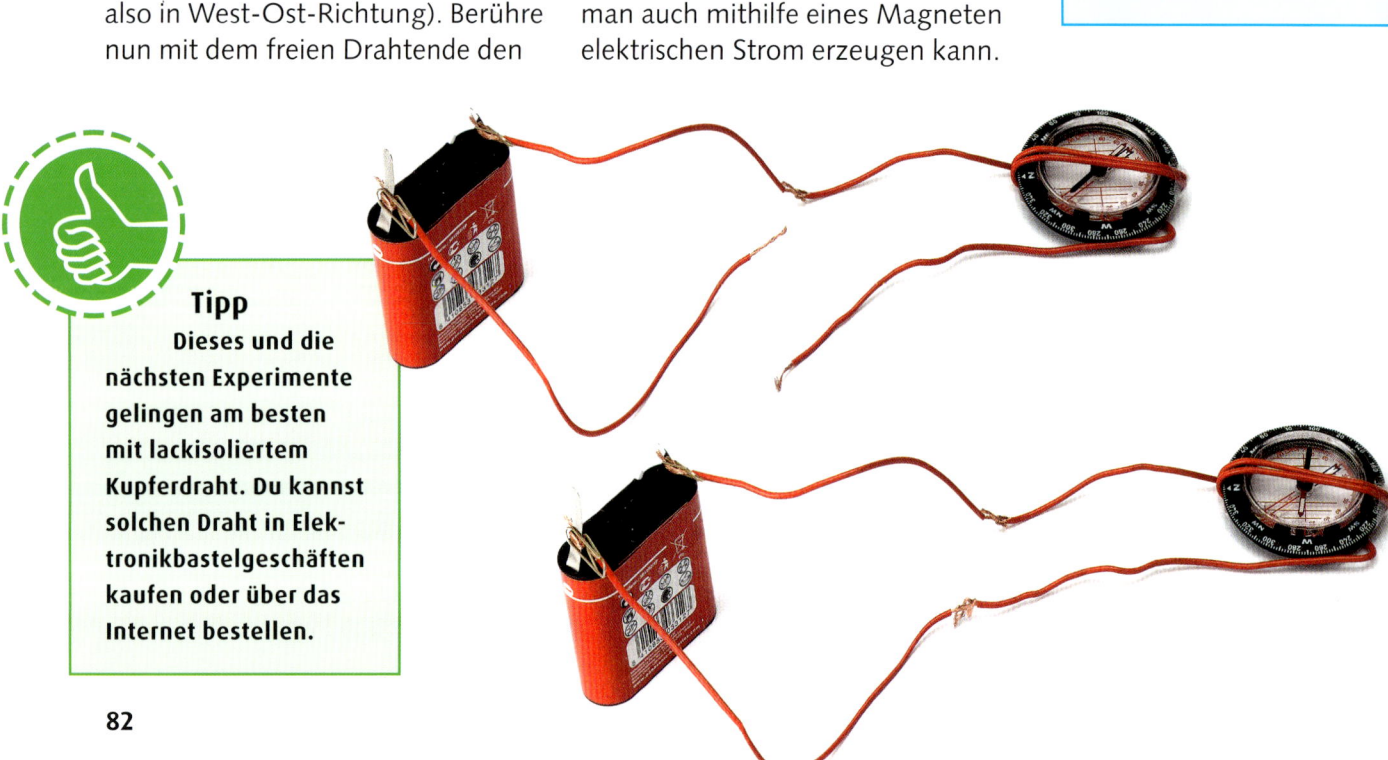

Wie kann man das Magnetfeld eines Drahtes sichtbar machen?

Das brauchst du:
- Kupferdraht (etwa 80 cm lang, am besten lackisoliert)
- Batterie (4,5 Volt oder 9 Volt)
- Eisenpulver oder Eisenfeilspäne
- Eisen- und Messingschraube (je etwa 6 x 60 mm) ■ weißes Papier
- 2 Büroklammern

So geht's:

Entferne die Isolierung an den Enden des Drahtes. Führ ihn durch ein kleines Loch im Papier, wie die Zeichnung zeigt, und verbinde ihn mit den Anschlüssen der Batterie. Streu dann Eisenfeilspäne aufs Papier. Bei leichtem Klopfen ordnen sie sich konzentrisch um den Draht an und zeigen so dessen Magnetlinien.

Wickle nun den Draht über eine der Schrauben zu einer Spule mit etwa zehn Windungen. Zieh die Schraube wieder heraus und leg das Papier auf die Spule. Lass Strom fließen und streu wieder Eisenfeilspäne aufs Papier. Das entstehende Muster der Eisenfeilspäne ähnelt dem Bild, das du vom Stabmagneten kennst. Offenbar verhält sich die Spule wie ein Stabmagnet, solange sie von Strom durchflossen ist.

Wiederhole den Versuch gleich noch einmal, leg aber dabei die Eisenschraube in die Spule. Diesmal sind die magnetischen Linien viel deutlicher und reichen auch weiter von der Spule weg.

Wiederhole den Versuch nochmals, nimm aber diesmal statt der Eisenschraube die Messingschraube.

Das geschieht:

Ein stromdurchflossener Draht wird zum Magneten, wie die Eisenfeilspäne zeigen. Das Aufwickeln zur Spule verstärkt die Magnetkraft noch. Eisen in der Spule schließlich verstärkt die magnetische Kraft um ein Vielfaches. Und zwar nur Eisen: Die Messingschraube ist dazu nicht fähig.

Schon gewusst?

Die Chinesen kannten den Kompass schon vor über 2000 Jahren – wahrscheinlich in Form eines magnetischen Löffels, der sich auf seiner Halbkugel leicht drehen konnte und dessen Stiel dann nach Süden wies. Später verwendete man als Kompass ein längliches magnetisches Eisenstückchen, das auf einem Scheibchen Holz im Wasser schwamm. In Europa wurde der Kompass erst im 13. Jahrhundert bekannt und ermöglichte dann Kolumbus, Magellan und anderen Seefahrern, auf ihren Entdeckungsreisen den richtigen Weg zu finden.

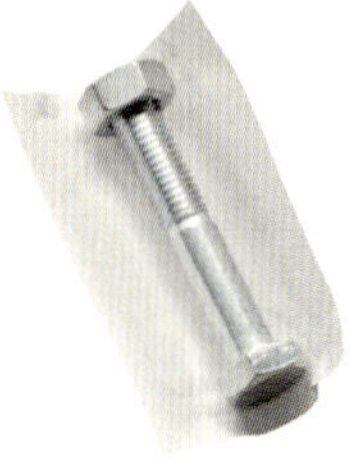

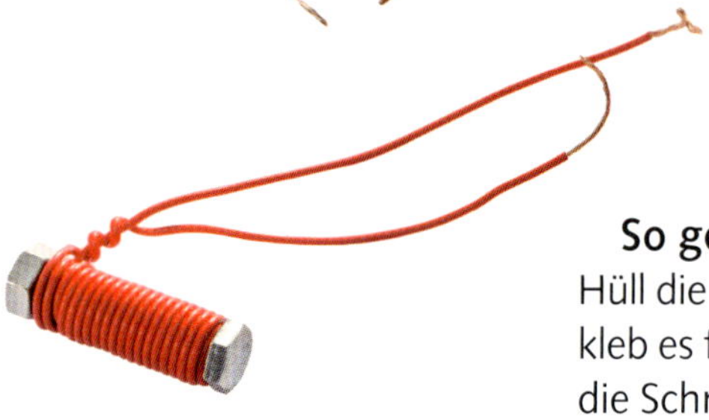

Wie wird ein Elektromagnet gebaut?

Das brauchst du:
- 4 Meter isolierten Kupferdraht (am besten lackisoliert)
- Papier
- Batterie (4,5 Volt oder 9 Volt)
- Gewindeschraube aus Eisen (50 mm lang, etwa 5 bis 10 mm dick) mit Mutter
- Messer
- Nägel
- Klebeband
- 2 Büroklammern

So geht's:
Hüll die Schraube gut in Papier ein und kleb es fest. Wickle nun den Draht um die Schraube, am Kopf beginnend. Lass aber etwa 30 Zentimeter Draht frei, damit man ihn nachher anschließen kann. Wenn du eine Lage Draht von einem Ende der Schraube zum anderen gewickelt hast, dann wickle in umgekehrter Richtung weiter, bis du eine zweite Lage hast. Vielleicht reicht der Draht sogar noch für eine dritte Lage. Lass auch an diesem Ende 30 Zentimeter für den Anschluss frei.

Dreh beide Drahtenden an der Schraube zusammen und befestige die Windungen auf der Schraube mit Klebeband. Kratz die Lackisolierung der Drahtenden frei und schließ jedes Drahtende an einen Batterieanschluss an.

Vorsicht:
Nach einiger Zeit wird die Spule warm. Dann solltest du die Verbindung zur Batterie unterbrechen und sie abkühlen lassen. Außerdem leeren diese Versuche deine Batterie rasch.

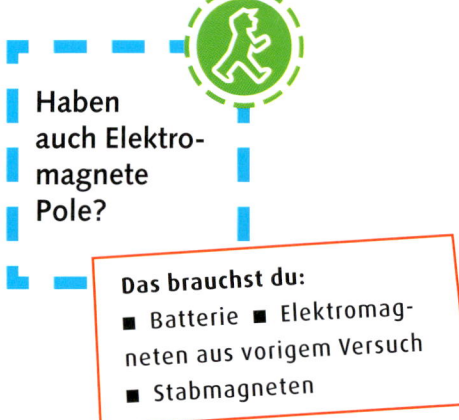

Versuch nun, mit deinem Elektromagneten Eisenteile aufzuheben. Er müsste mehrere Büroklammern oder kleine Nägel tragen können. Lös einen der Drähte von der Batterie – und die Nägel fallen herunter.

Das geschieht:
Spule und Schraube bilden zusammen einen kraftvollen Elektromagneten. Er ist aber nur so lange magnetisch, wie Strom fließt. Deshalb nutzen zum Beispiel Schrotthändler kräftige Elektromagnete an großen Kränen: Man kann mit ihnen nach Belieben eiserne Lasten aufheben und auf Knopfdruck wieder fallen lassen.

Haben auch Elektromagnete Pole?

Das brauchst du:
- Batterie
- Elektromagneten aus vorigem Versuch
- Stabmagneten

So geht's:
Schieb einen Stabmagneten auf den Kopf deines stromdurchflossenen Elektromagneten zu. Was geschieht dabei? Dreh den Stabmagneten um und wiederhole den Versuch. Was geschieht diesmal? Führ das Experiment nun mit dem anderen Ende des Elektromagneten durch.
Vertausch die beiden Anschlüsse deines Elektromagneten an der Batterie und wiederhole den Versuch. Wo sind jetzt Nord- und Südpol?
Es ist also von der Stromrichtung in der Spule abhängig, wo beim Elektromagneten der Nordpol und wo der Südpol ist.

Das geschieht:

Der Elektromagnet besitzt einen Nord- und einen Südpol, die von den Polen des Stabmagneten angezogen bzw. abgestoßen werden. Dreht man die Stromrichtung um, so werden auch die Pole vertauscht.

Wie kann man Strom messen?

Das brauchst du:
- lackisolierten Kupferdraht (0,1 bis 0,2 mm Durchmesser, etwa 7 m) ■ Kompass
- Batterie (4,5 Volt oder 9 Volt) ■ kleine Pappschachtel (von Kompassgröße) ■ Klebeband ■ Messer

Sehen kannst du Elektrizität nicht. Du siehst nur ihre Wirkungen, etwa das Leuchten eines Lämpchens. Oft kommt es aber darauf an, die Stärke eines Stroms zu wissen. Ein einfaches Messgerät, das auch schwache Ströme anzeigt, kannst du dir selbst bauen.

So geht's:

Leg den Kompass in die flache, viereckige Pappschachtel und wickle den Kupferdraht so oft wie möglich darum. Achte darauf, dass die Mitte dieser Drahtspule genau über dem Lager der Nadel verläuft. Befestige den Draht mithilfe von Klebeband so, dass er nicht verrutschen kann. An jedem Ende der Spule lässt du etwa 30 Zentimeter Draht herausragen und kratzt mit dem Messer an den Enden dieser Anschlussdrähte die Isolierung weg. Bevor du misst, legst du den Kompass immer so, dass die Nadel genau parallel zu den Drähten steht. Schließ die beiden Drähte an die Pole einer Batterie an. Sofort dreht sich die Kompassnadel aus der Spule heraus und zeigt damit an, dass durch die Spule Strom fließt.

Das geschieht:

Fließt Strom durch die Spule, wird sie magnetisch. Darauf reagiert die Kompassnadel. Selbst sehr wenig Strom macht sich auf diese Weise noch bemerkbar: Auch eine fast leere Batterie, die nicht mal mehr ein Lämpchen zum Glimmen bringt, liefert noch genügend Strom, um die Nadel des Strommessers ausschlagen zu lassen.

Wie erzeugt eine Batterie Strom?

Das brauchst du:
- Strommessgerät aus vorigem Versuch ■ 2 Büroklammern
- Draht ■ etwas dünnes Kupferblech und etwas verzinktes Blech (am besten je einen Streifen von 2 x 10 cm Größe) ■ Zitrone
- Trinkglas ■ Salz

Schon gewusst?

Auch aus Licht kann man Strom erzeugen. Dazu nutzt man Solarzellen. Sie bestehen aus einem Trägermaterial (zum Beispiel Glas), auf das bestimmte chemische Stoffe in mehreren hauchdünnen Schichten übereinander aufgetragen sind. An die Schichten sind jeweils Drähte angeschlossen. Scheint genügend Licht auf die Zelle, laufen dort recht komplizierte Vorgänge ab. Durch die Energie des Lichts werden dabei Elektronen in Bewegung gesetzt, also Strom erzeugt.

So geht's:

Verbinde die beiden Metallstreifen mithilfe der Büroklammern mit jeweils einem Anschluss deines Strommessgeräts. Schieb sie dann nebeneinander in die Zitrone (die Streifen sollen sich nicht berühren!). Die Nadel schlägt aus und zeigt damit an, dass Strom fließt.

Lös einen Esslöffel Salz in einem Trinkglas voll Wasser. Zieh die Streifen wieder aus der Zitrone und halte sie in die Salzlösung. Auch jetzt fließt Strom.

Das geschieht:

Die Versuche zeigen, dass die Ursache für den Stromfluss nicht in der Zitrone liegt, sondern mit den Metallen zu tun haben muss. Tatsächlich läuft beim Eintauchen der Metalle in die Salzlösung oder in den Zitronensaft ein chemischer Vorgang ab, bei dem sich das Zink langsam auflöst. Dabei wird elektrische Energie freigesetzt. Und zwar ist dies die chemische Energie, die bei der Herstellung metallischen Zinks aus Zinkerz (also einer chemischen Verbindung des Zinks) aufgewendet werden musste.

Ähnliche chemische Reaktionen laufen auch in einer Batterie ab. Allerdings arbeiten manche Batterien nicht mit Zink, sondern nutzen andere Metalle. Die chemische Reaktion, bei der das Zink verbraucht wird, verläuft normalerweise nur in einer Richtung. Es gibt aber auch Batterien, in denen die Strom liefernde chemische Reaktion rückwärts ablaufen kann, wenn man von außen Strom hineinleitet. Solche Stromspeicher heißen wiederaufladbare Batterien oder Akkumulatoren (Akkus).

Wie kannst du mit einem Magneten Strom erzeugen?

Das brauchst du:
- Strommessgerät aus Experiment „Wie kann man Strom messen?" (Seite 85) ■ Elektromagneten aus Experiment „Wie wird ein Elektromagnet gebaut?" (Seite 84) ■ Stab- oder Hufeisenmagneten
- 2 Büroklammern

Batterien sind ziemlich teuer und recht schnell leer. Der Strom in der Steckdose, der Strom schluckende Küchenherde und Wäschetrockner, große Motoren und viele andere Großverbraucher antreiben muss, kann daher nicht aus Batterien kommen. Er wird auf andere Weise erzeugt – mithilfe des Magnetismus.

So geht's:

Verbinde die beiden Anschlüsse des Strommessgeräts durch Büroklammern mit den beiden Drähten des Elektromagneten und leg beide Gegenstände so weit wie möglich auseinander (mindestens 50 Zentimeter). Halte nun einen Pol deines Stabmagneten an das Ende des Elektromagneten und zieh ihn dann schnell weg. Die Nadel zeigt einen kurzen Ausschlag: Elektrischer Strom ist geflossen. Wiederhole den Versuch und beobachte genau, wann Strom fließt: beim Heranführen und beim Wegziehen des Stabmagneten – dagegen nicht, wenn du den Stabmagneten still an den Elektromagneten hältst.
Bewege deinen Stabmagneten schnell vor dem Elektromagneten hin und her – jedes Mal zuckt die Kompassnadel.

Das geschieht:

Ein sich änderndes Magnetfeld erzeugt in einer Spule Strom. Er ist umso stärker, je rascher die Änderung des Magnetfelds erfolgt. Bei einem ruhenden Magnetfeld geschieht nichts.
Der auf diese Weise erzeugte Strom ist allerdings viel zu schwach, um auch nur ein kleines Lämpchen aufleuchten zu lassen. Aber man kann ihn verstärken, wenn man mehrere Spulen in einem Kreis anordnet und in dessen Mitte ein Rad aufbaut, das mehrere kräftige Elektromagnete trägt und schnell gedreht wird. Ein Gerät dieser Art heißt „Generator". Genauso ist übrigens auch ein Dynamo am Fahrrad gebaut.

Schon gewusst?

Im Elektrizitätswerk, das den Strom für die Steckdosen liefert, arbeiten riesengroße Stromerzeuger oder Generatoren. Die Drehkraft für die Generatoren liefern meist Turbinen – große Räder mit zahlreichen Schaufeln, die durch Wasserkraft oder kräftige Wasserdampfstrahlen angetrieben werden. Die notwendige Hitze zum Erzeugen des Dampfes entsteht durch Verbrennen von Öl, Gas oder Kohle oder durch Atomenergie – je nach Art des Kraftwerks.

Das brauchst du:
- Wolltuch ■ Plastiklineal oder ein Stückchen Bernstein ■ Kamm ■ Spiegel ■ feine Papierschnipsel oder trockene Puffreiskörner

Bislang hast du nur mit fließender Elektrizität experimentiert. Es gibt daneben aber noch eine weitere Art von Elektrizität, die statisch genannt wird. Sie heißt auch Reibungselektrizität – warum, das zeigt dir der nächste Versuch.

So geht's:

Reib mit dem Tuch das Plastiklineal oder ein Stückchen Bernstein und halte es dann über kleine Papierschnipsel (am besten aus Seidenpapier) oder Puffreiskörnchen. Sie hüpfen empor und bleiben am Lineal hängen.

Verdunkle ein Zimmer, stell dich vor einen Spiegel und warte einige Minuten, bis sich deine Augen an die Dunkelheit angepasst haben. Dann kämm dich und beobachte dabei genau den Kamm. Du siehst kleine Lichtblitze.

Reib den Kamm mit dem Tuch und halte ihn ganz nah an den Wasserhahn – es springt ein kleiner elektrischer Funke über.

Lass aus dem Wasserhahn einen ganz dünnen Strahl rinnen und bring den geriebenen Kamm in seine Nähe. Der Kamm zieht den Strahl an.

Das geschieht:

Durch Reiben lassen sich Elektronen von den Atomen trennen. So entstehen positive (elektronenarme) und negative elektrische Ladungen (Elektronen), wobei sich im Lineal Gebiete mit Elektronenüberschuss bilden. Und weil Plastik und Bernstein anders als Metall den Strom kaum leiten, bleiben diese Gebiete zunächst bestehen. Nun ziehen sich unterschiedliche Ladungen gegenseitig an. Daher spüren leichte Teilchen wie Papierschnipsel oder auch ein dünner Wasserstrahl bei Annäherung ans Lineal eine Anziehungskraft.

Berührt man das Lineal mit leitfähigen Stoffen (etwa Metall oder Haaren), fließen die angesammelten Elektronen rasch ab – in Form winziger leuchtender Funken.

? Schon gewusst?

Wenn in Gewitterwolken Eiskristalle aneinander reiben, werden ebenfalls Ladungen getrennt und es entstehen riesige unterschiedlich geladene Regionen in den Wolken. Irgendwann wird die elektrische Spannung zwischen diesen Regionen oder zwischen einer geladenen Wolke und dem Erdboden so hoch (einige Millionen Volt!), dass sie sich ausgleichen – in Form eines gewaltigen Funkens, dem Blitz.

Tipp
Dieses Experiment gelingt am besten an einem kalten Wintertag, wenn die Luft in der Wohnung knochentrocken ist.

Welchen Einfluss haben elektrische Ladungen aufeinander?

Das brauchst du:
- zwei Seidenfäden (Bindfäden aus Seide, 20 cm lang)
- Puffreiskörner ■ Plastiklineal ■ Wolltuch ■ Blatt Papier ■ Klebeband ■ Alleskleber ■ tiefen Teller

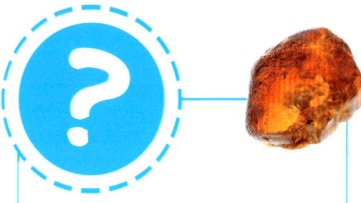

So geht's:

Gib etwas Alleskleber auf ein Stück Papier und tunk das Ende jedes der Seidenfäden hinein. Dann kleb jeweils ein Puffreiskörnchen daran. Häng die Fäden im Abstand von einem Zentimeter nebeneinander auf – zum Beispiel mit Klebeband an eine Schreibtischlampe.

Halte nun dein geriebenes Plastiklineal dicht an die beiden Reiskörner und beobachte genau, was geschieht. Die Reiskörner schwingen zuerst zum Lineal hin und berühren es. Dann werden sie vom Lineal abgestoßen und wenn du das Lineal wegnimmst, stoßen sie sich auch gegenseitig ab. Gib eine Handvoll Puffreis in einen tiefen Teller und halte dann dein geriebenes Plastiklineal darüber. Die Körnchen werden zunächst hochspringen und am Lineal kleben. Dann aber spritzen sie nach allen Richtungen auseinander. Was geschieht hier?

Das geschieht:

An der Spitze deines geriebenen Lineals sitzen große Mengen von Elektronen. Es ist also negativ geladen und zieht die Puffreiskörnchen an. Bei der Berührung springen Elektronen über. Nun sind auch die Körnchen negativ geladen. Sie stoßen sich daher vom Lineal ab (gleiche Ladungen stoßen sich ab) und aus dem gleichen Grund auch gegenseitig. Nach und nach gleichen sich die Elektronenüberschüsse aus (zum Beispiel über hauchfeine Wasserhäutchen, die auf der Oberfläche aller Gegenstände sitzen) und die Körnchen vergessen ihren gegenseitigen „Widerwillen".

Experimente zur Chemie

Chemie – das klingt für viele Menschen höchst gefährlich, nach Gift, Gestank und Explosionen. Doch wir sind auf Schritt und Tritt von chemischen Vorgängen umgeben, die meist recht unauffällig ablaufen. Wenn Eisen rostet, Holz verbrennt, Pflanzen wachsen, wenn wir kochen, backen oder unser Essen verdauen, ist stets Chemie im Spiel. In einigen interessanten Versuchen kannst du solche alltäglichen chemischen Vorgänge untersuchen.

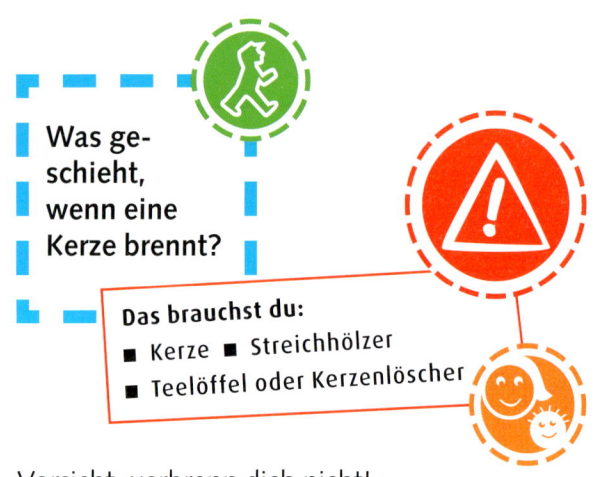

Was geschieht, wenn eine Kerze brennt?

Das brauchst du:
- Kerze
- Streichhölzer
- Teelöffel oder Kerzenlöscher

Vorsicht, verbrenn dich nicht!

Eigentlich ein seltsames Ding, so eine Kerzenflamme: Sie ist nicht einfach ein Gas, denn sie ist heiß und leuchtet. Sie ist aber auch nicht flüssig oder fest. Was aber dann?

So geht's:

Nimm eine Kerze und halte ein brennendes Streichholz an den Docht. Nach kurzer Zeit, wenn etwas Kerzenwachs geschmolzen ist, beginnt er zu brennen. Lass die Kerze ein paar Minuten brennen. Dann nimm in die linke Hand einen Kerzenlöscher oder einen Teelöffel und in die rechte Hand ein brennendes Streichholz. Lösch die Flamme aus und führ dann sofort das brennende Streichholz von oben her an den noch rauchenden Docht. Wiederhole das mehrfach. Du wirst feststellen, dass der Docht jetzt schon Feuer fängt, bevor das brennende Streichholz ihn berührt. Besonders der weißliche Rauch, der nach dem Auslöschen der Kerze aufsteigt, nimmt die Flamme leicht an.

Das geschieht:

Der heiße Docht ist von brennbarem Gas umgeben, das bei Berührung mit der Flamme sofort Feuer fängt. Wenn man den Docht zum ersten Mal anzündet, bringt die Hitze der Streichholzflamme zunächst das Kerzenwachs zum Schmelzen. Es steigt im Docht empor und wird dort so stark erhitzt, dass es verdampft, also gasförmig wird. Dieses Gas speist die Kerzenflamme. Deren Hitze bringt ständig weiteres Wachs zum Verdampfen; die Flamme sorgt also selbst für ihren Nachschub an Brennstoff. Löschst du die Flamme, bringt die im Docht gespeicherte Wärme noch weiteres Wachs zum Verdampfen. Wird dieses gasförmige Wachs nicht wieder entzündet, kühlt es schnell ab und bildet den aufsteigenden Rauch aus weißlichen Wachsteilchen, die leicht Feuer fangen.

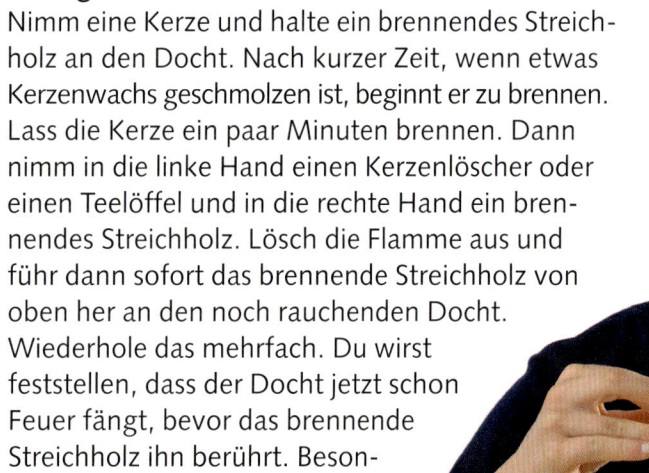

Schon gewusst?

Eine Flamme stellt immer brennendes Gas dar. Bei der Gasflamme im Gasofen oder Gasherd ist das offensichtlich. Auch in der Kerzenflamme verbrennt Gas, das beim Erhitzen des Kerzenwachses entsteht.

Brennendes Holz und Papier, Spiritus, Öl oder glühende Kohle geben ebenfalls brennbare Gase ab. Das tun sie aber erst, wenn sie selbst auf eine genügend hohe Temperatur erhitzt worden sind.

Deshalb ist zum Entzünden immer ein brennendes Streichholz nötig. Ist die Gasbildung aber erst in Gang gekommen, unterhält sie die Flammen immer weiter – solange Brennstoff vorhanden ist.

Was geschieht, wenn man eine brennende Kerze zudeckt?

Das brauchst du:

- 2 Teelichter ■ 2 Stücke steifen Draht (etwa 10 cm lang) ■ Untertasse aus Porzellan ■ Einmachglas ■ Klebeband
- Streichhölzer

Vorsicht, verbrenn dich nicht!

So geht's:

Bieg den Draht zu einem L und befestige das Teelicht mit Klebeband am kurzen Ast des L. Zünde das Teelicht an und lass es vorsichtig am Draht in das Einmachglas hinab. Deck dann das Glas mit der Untertasse zu. Nach einigen Sekunden geht die Kerze aus. Tauch nun ein zweites Teelicht an einem Draht ins Glas, wobei du die Untertasse nur kurz zur Seite schiebst.

Dieses Teelicht geht sofort aus, noch viel rascher als das erste.

Das geschieht:

Die Kerzen brauchen zum Brennen offenbar einen bestimmten Bestandteil der Luft. Ist er verbraucht, gehen sie aus – sie ersticken. Man nennt diesen zum Brennen nötigen Luftbestandteil „Sauerstoff".

Was entsteht beim Verbrennen von Kerzen?

Das brauchst du:
- Kerze ■ Messer
- Untertasse aus Porzellan
- Handtuch ■ Streichhölzer

Vorsicht, verbrenn dich nicht!

So geht's:

Kühl die Schneide des Messers, indem du einige Sekunden kaltes Wasser darüberlaufen lässt, und trockne sie dann rasch ab. Hauche darauf – es entsteht ein Überzug aus feinsten Wassertröpfchen. Dein Atem enthält nämlich Wasserdampf und der schlägt sich auf dem kalten Metall des Messers nieder.

Zünde nun die Kerzenflamme an und halte das kalte Messer kurz im Abstand von etwa sieben bis acht Zentimetern über die Flamme. Wie sieht es aus? Der feine Feuchtigkeitsbelag zeigt: Auch beim Verbrennen von Kerzenwachs entsteht Wasserdampf.

Halte die Untertasse für einige Sekunden direkt über die Flamme. Dreh sie dann um und schau dir die Stelle an, wo die Flamme das Porzellan erwärmt hat. Sie ist schwarz von Ruß.

Das geschieht:

Ruß besteht vor allem aus dem chemischen Element Kohlenstoff, das die Steinkohle schwarz färbt. Offenbar steckt auch im hellen Kerzenwachs Kohlenstoff. Tatsächlich ist Kerzenwachs (Paraffin) eine chemische Verbindung des farblosen Gases Wasserstoff mit dem schwarzen, festen Kohlenstoff. Chemische Verbindungen haben häufig völlig andere Eigenschaften als ihre Ausgangsstoffe. Beim Verbrennen verbindet sich Wasserstoff mit dem Sauerstoff der Luft zu Wasser, das in der Flammenhitze sofort verdampft und als Wasserdampf aufsteigt. Der Kohlenstoff verbindet sich ebenfalls mit Luftsauerstoff zu dem farblosen Gas Kohlendioxid, das als Verbrennungsgas aufsteigt. Ein kleiner Teil des Kohlenstoffs verbrennt jedoch nicht, sondern steigt als feiner Ruß in die Luft. Und woher stammt die Hitze? Sie entsteht bei der Verbrennung, also bei der Verbindung des Kerzenwachses mit Sauerstoff. Das ist ein chemischer Vorgang, eine „chemische Reaktion". Bei sehr vielen chemischen Reaktionen bilden sich aus vorhandenen Stoffen neue Stoffe und es entsteht zusätzlich Wärme.

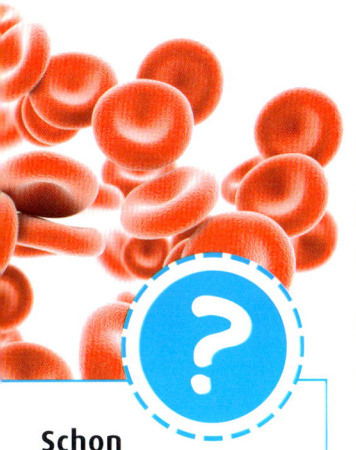

Schon gewusst?

Auch du musst ständig Luft einatmen, um im Körper eine Art „stille Verbrennung" zu unterhalten. Dein Körper wandelt Stoffe aus der Nahrung, etwa Fett oder Zucker, durch chemische Umsetzung mit Luftsauerstoff um und gewinnt so Energie – zum Wärmen, für Bewegungen und Wachstumsvorgänge. Diese chemische Reaktion findet überall im Körper statt. Das Blut führt die im Darm vorbereiteten Nahrungsstoffe in jede Zelle. Aus den Lungen bringt es, gebunden an die roten Blutkörperchen, den nötigen Sauerstoff mit. Das Blut sorgt auch für den Abtransport der Abfallstoffe: Kohlendioxid bringt es in die Lungen, wo es ausgeatmet wird, Wasser und andere Abfallprodukte in die Nieren; sie verlassen als Urin den Körper.

Was geht beim Rosten von Eisen vor sich?

Das brauchst du:
■ Reagenzglas (aus der Apotheke) ■ Eisenfeilspäne oder Stahlwolle ■ Teller ■ Filzstift

Die Verbrennung, also die chemische Verbindung eines Stoffes mit Luftsauerstoff, geht keineswegs immer mit Hitze, Glut oder Flammen einher. Hier lernst du ein Beispiel einer „stillen Verbrennung" kennen.

So geht's:

Spül das Reagenzglas mit Wasser aus und schütte in das feuchte Glas einen Teelöffel voll Eisenfeilspäne. Dreh das Glas mehrmals, damit möglichst viele Späne an der feuchten Innenwand hängen bleiben, und schütte den Rest der Späne wieder heraus. Statt der Eisenfeilspäne kannst du auch ein Büschel Stahlwolle ins Glas drücken. Stell das Reagenzglas mit der Öffnung nach unten in den etwa einen Zentimeter hoch mit Wasser gefüllten Teller. Markiere mit dem Filzstift den Wasserstand am Glas und lass es über Nacht stehen.

Am nächsten Tag wirst du bemerken, dass das Eisen nicht mehr grau, sondern rostrot aussieht und dass das Wasser im Glas gestiegen ist. Wenn genügend Eisen vorhanden ist, steigt das Wasser etwa bis zu einem Fünftel der Glashöhe.

Das geschieht:

Ein Teil der Luft hat sich mit dem Eisen zu Rost verbunden. In dieser festen Verbindung nimmt der Luftteil viel weniger Raum ein als in Form von Gas, deshalb ist das Wasser im Glas angestiegen.
Der Stoff in der Luft, der sich beim Rosten mit dem Eisen verbindet, ist derselbe, den die Kerze zum Brennen braucht: Sauerstoff. Rost ist also eine Verbindung von Eisen mit Sauerstoff (und Wasser).
Im restlichen Teil der Luft würde eine Kerze sofort ausgehen, sie würde ersticken. Dieses Gas heißt daher „Stickstoff".

Zitronensaft

Seife

Essig

Soda

Schon gewusst?

Farbstoffe wie der im Rotkohl sind in vielen Blüten enthalten. Man nennt sie „Anthocyane". Das Wort kommt aus dem Griechischen: „anthos" bedeutet Blume und „kyaneos" (cyan) stahlblau. Anthocyane erzeugen in Blüten die Rot- und Blautöne. Auf Änderungen des Säuregrads reagieren sie mit Farbänderungen. Derselbe Stoff kann in einer Blüte rot, in einer anderen blau oder violett leuchten, je nachdem, wie die Pflanze den Säuregrad in den Blütenblättern einstellt. Tropf jeweils etwas Essig auf Blüten verschiedener Pflanzen und beobachte, ob und wie sich der Farbton verändert. Besonders schön reagiert zum Beispiel die Vergissmeinnichtblüte.

Warum ist Rotkohl manchmal rot, manchmal blau?

Das brauchst du:
- Rotkohl ▪ 5 Gläser
- kleine Flasche ▪ Essig (keinesfalls Essigessenz!)
- Zitronensaft ▪ feste Seife ▪ Soda (Natriumcarbonat aus der Apotheke)

Vorsicht mit dem Rotkohlsaft! Er macht auf der Kleidung hässliche, schwer auswaschbare Flecken!

So geht's:

Gieß in einem Glas heißes Wasser über fein gehackten Rotkohl (Vorsicht, verbrenn dich nicht!) und lass ihn eine Stunde ziehen. Füll die Hälfte dieses rotvioletten Kohlwassers für spätere Versuche in ein Fläschchen und kleb ein Schild darauf: „Rotkohlsaft". Verteil dann den Rest auf vier Gläser. Gib in das erste Glas einen Esslöffel Essig, in das zweite etwas Zitronensaft, ins dritte eine Lösung von zwei Messerspitzen Seife in zwei Esslöffeln heißem Wasser und ins vierte eine Lösung von einem halben Teelöffel

Soda in zwei Esslöffeln Wasser. Welche Farbe nimmt der Rotkohlsaft jeweils an?

Das geschieht:

Der violette Farbstoff des Rotkohls verfärbt sich durch saure Flüssigkeiten wie Essig oder Zitronensaft rot. Andere Stoffe, zum Beispiel Seife oder Soda, färben ihn blau bis blaugrün. Stoffe wie der Rotkohlsaft in deinem Versuch, die durch Farbumschlag den Säuregrad anzeigen, nennt man „Indikatoren". Sie werden in der Chemie viel gebraucht.

Wie reagieren Säuren und Basen miteinander?

Das brauchst du:
- Glas ▪ Essig (keinesfalls Essigessenz!) ▪ Soda ▪ Essig-Rotkohl-Lösung und Soda-Rotkohl-Lösung aus dem vorigen Versuch

So geht's:

Lös einen Teelöffel Soda in einem halben Glas warmem Wasser. Lass diese Sodalösung unter ständigem Rühren

in das Glas mit der Essig-Rotkohl-Lösung tropfen und beobachte die Farbänderung. Wiederhole den Versuch mit der Soda-Rotkohl-Lösung, in die du Essig tropfst.

Das geschieht:
Säuren haben offenbar Gegenspieler, die sie unwirksam machen. Wir nennen solche Stoffe „Basen" oder „Alkalien". Soda und Seife gehören dazu. Basen heben die Wirkung von Säuren auf und umgekehrt. Der Indikator zeigt durch seine Farbe an, welcher Stoff in der Lösung gerade stärker ist.

Schon gewusst?
Es gibt Stellen, wo Kohlendioxid aus Erdspalten austritt. Das kann gefährlich werden, weil das Gas farb- und geruchlos ist. Bei Neapel gibt es die „Hundsgrotte": eine Höhle, aus deren Boden Kohlendioxid sickert. Weil das Gas schwerer ist als Luft, bildet es eine Schicht über dem Boden. Hunde können darin ersticken (daher der Name), die meisten Menschen dagegen tragen den Kopf hoch über dem Gas. Auch in Weinkellereien und Brauereien entsteht viel Kohlendioxid bei der Gärung. Dort achtet man sehr darauf, die Räume gut zu lüften, und überprüft notfalls mit einer brennenden Kerze die Luftqualität.

Welches Gas steckt im Backpulver?

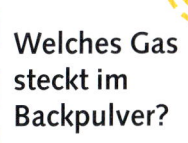

Das brauchst du:
- Natron (= Backpulver) ■ Essig (keinesfalls Essigessenz!) ■ Glas ■ Streichhölzer

Vorsicht, verbrenn dich nicht!

So geht's:
Gib in ein großes Glas zwei Esslöffel Natron und schütte eine halbe Tasse Essig darüber. Sofort braust es kräftig auf.
Zünde ein Streichholz an und halte es vorsichtig ins Glas – die Flamme erlischt sofort. Das entstandene Gas wirkt offenbar erstickend, es unterhält die Verbrennung nicht.
Wiederhole den Versuch mit dem Streichholz nach einer Viertelstunde. Auch jetzt geht es sofort aus, obwohl das Natron längst nicht mehr braust. Offenbar ist das entstandene Gas schwerer als Luft, sonst wäre es aus dem Glas nach oben entwichen.

Das geschieht:
Man nennt dieses Gas Kohlenstoffdioxid oder abgekürzt Kohlendioxid. Du kennst es schon als Produkt von Verbrennungsvorgängen – in der Kerzenflamme zum Beispiel oder im Körper. In der Natur kommen Kohlendioxid und chemische Verbindungen, in denen es steckt, an vielen Stellen vor. Kalk etwa, aus dem Muschelschalen, aber auch ganze Gebirge bestehen, ist eine Verbindung von Calcium und Kohlendioxid.

Wie kann man Gase wiegen?

Im Versuch „Hat Luft ein Gewicht?" von Seite 7 hast du Luft gewogen. Ebenso kannst du auch andere Gase wiegen, zum Beispiel Kohlendioxid.

So geht's:

Häng an die Enden des Waagebalkens jeweils eine Plastiktüte mit der Öffnung nach oben und stell Gleichgewicht her. Gib in das Glas zwei Esslöffel Natron und schütte etwas Essig darüber. Warte einige Minuten, bis das Brausen nachlässt und das Glas mit Kohlendioxid gefüllt ist. Neig das mit Kohlendioxid gefüllte Glas so vorsichtig über eine der Tüten, dass zwar das unsichtbare Gas, nicht aber Flüssigkeit überläuft. Die Tüte füllt sich mit dem Gas und senkt sich.

Das geschieht:

Was wir nach dem vorigen Experiment vermutet hatten, hast du nun bewiesen: Kohlendioxid ist schwerer als Luft.

Wie kann man Geheimtinte herstellen?

Es wäre doch ganz praktisch, Briefe schreiben zu können, die nicht jeder lesen kann. Dank deiner chemischen Kenntnisse ist das für dich kein Problem.

So geht's:

Schreib mit Essig, Zitronen- oder Zwiebelsaft auf weißes Papier. Nach dem Trocknen ist die Schrift unsichtbar. Fahr nun mit einem heißen Bügeleisen vorsichtig über das Papier – schon erscheint die Schrift in brauner Farbe.

Das geschieht:

Die mit Geheimtinte beschriebenen Stellen haben sich chemisch verändert und behalten diese Veränderung auch nach dem Trocknen bei. Daher bräunen sie nun früher als das unbehandelte Papier.

Schon gewusst?

Geheimtinten sind seit Jahrhunderten bei Spionen, Geheimboten und Liebespaaren in Gebrauch. Es gibt Dutzende von Rezepten. Bei vielen Geheimtinten braucht man allerdings Spezialchemikalien, um den Text sichtbar zu machen. Am geschicktesten schreibt man mit der Geheimtinte zwischen die Zeilen eines harmlosen Briefes: Das fällt viel weniger auf als ein leeres Blatt Papier im Umschlag.

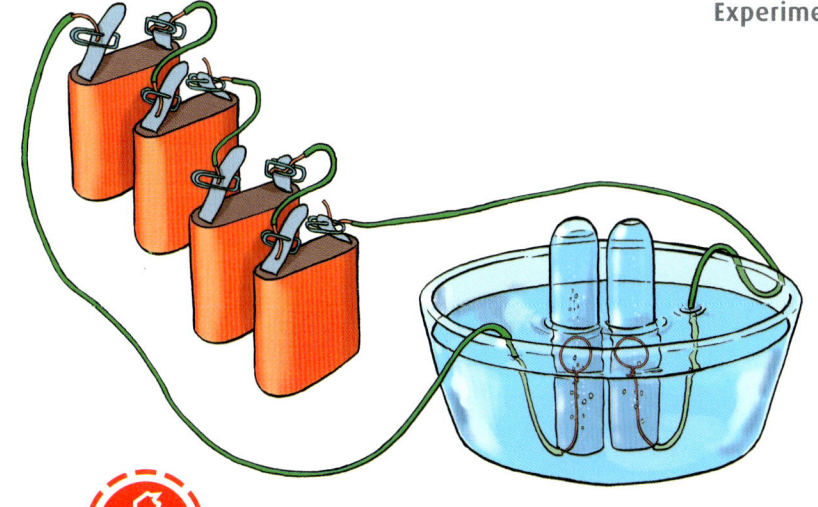

Trage bei diesem Versuch einen Augenschutz (Brille oder Schutzbrille)!

Wie kann man Wasser in seine Bestandteile zerlegen?

Das brauchst du:
■ Schüssel ■ Natriumsulfat (Glaubersalz, aus der Apotheke) ■ 2 isolierte Kupferdrähte (je etwa 50 cm lang) sowie 1 bis 2 kürzere Drahtstücke ■ Batterien (2 x 9 Volt oder 4 x 4,5 Volt) ■ 2 Reagenzgläser ■ Holzspan ■ Messer ■ Klebeband oder Gummiband ■ Streichhölzer ■ Kerze ■ Korken

Wasser ist die wichtigste Flüssigkeit auf der Erde: Ohne Wasser gäbe es kein Leben. Aber was ist Wasser chemisch?

So geht's:
Füll die Schüssel mit warmem Wasser und lös darin fünf Esslöffel Natriumsulfat auf. Form nach der Zeichnung zwei Kupferdrähte und entferne mit dem Messer die Isolierung jeweils an einem Ende auf einer Länge von gut zehn Zentimetern. Verdrille dort den Draht zu einer breiten, etwa fünf Zentimeter langen Schleife. Die anderen Enden isolierst du auf etwa fünf Zentimetern ab (bei 9-Volt-Batterien reichen zwei Zentimeter).
Verbinde die Kupferdrähte, wie auf der Zeichnung gezeigt, mit den Anschlüssen der Batterie. Einen weiteren Draht mit abisolierten Enden nutzt du zum Verbinden von zwei Batterien (auf die richtige Verbindung der Batteriepole achten!).

Füll die Reagenzgläser vollständig mit Wasser aus der Schüssel und stülp sie über die ins Glas gelegten Kupferdraht-Schleifen. Solange die Öffnung unter Wasser bleibt, läuft das Wasser nicht aus. Die Gläser sollten so nahe wie möglich beieinander stehen. Binde sie mit Gummiband oder Klebeband aneinander. Sie sollten noch Platz zum Schüsselboden lassen.
Beobachte nun die Versuchsanordnung einige Stunden lang. Von den Drähten steigen kleine Gasblasen auf, sammeln sich in den Reagenzgläsern und verdrängen dort langsam das Wasser. Nach einiger Zeit ist das Wasser aus dem einen Glas – es ist an den Minuspol der Batterie angeschlossen – völlig verdrängt, aus dem anderen etwa zur Hälfte. Reicht es nicht, schließe frische Batterien an, denn es ist wichtig, dass das Minuspol-Glas völlig mit dem entstandenen Gas gefüllt ist.
Heb das zur Hälfte gefüllte Reagenzglas vorsichtig vom Kupferdraht, verschließe es noch unter Wasser mit einem Korken, zieh es dann ganz heraus und halte es aufrecht. Nimm einen dünnen Holzspan, zünde ihn an der Spitze an und blas die Flamme gleich wieder aus, sodass der Span nur noch glimmt. Tauch diesen glimmenden Span nun in das Reagenzglas – er flammt hell auf. >>

Das andere Glas nimmst du, im etwas abgedunkelten Zimmer, vorsichtig mit der Öffnung nach unten aus dem Wasser und hältst es an eine Kerzenflamme. Es gibt einen leichten Puff und eine schwachblaue Flamme brennt im Glas.

Das geschieht:

Wasser besteht aus zwei Stoffen, die normalerweise Gase sind: Sauerstoff und Wasserstoff. Sie sind im Wasser aber nicht einfach vermischt, sondern chemisch zu einem neuen Stoff mit anderen Eigenschaften verbunden, eben dem Wasser. Der elektrische Strom hat diese Bindung gesprengt und die Gase wieder freigesetzt. Der Sauerstoff unterstützt die Verbrennung und verrät sich durch den aufflammenden Holzspan. Wasserstoff dagegen ist selbst brennbar. Das Natriumsulfat dient dazu, das Wasser elektrisch leitfähig zu machen – reines Wasser leitet den Strom nur schlecht. Aus den Mengenverhältnissen in deinen Gläsern kannst du schließen, dass Wasser nur halb so viel Sauerstoff (chemisches Zeichen O) wie Wasserstoff (chemisches Zeichen H) enthält. Chemiker haben dem nassen Element daher die berühmte Formel H_2O (sprich: Ha-zwei-Oh) gegeben. Die Zahl 2 am H zeigt an, dass ein Wassermolekül (also das kleinste Wasserteilchen) aus zwei Wasserstoffatomen besteht, während es nur ein Sauerstoffatom enthält. In einem Wassermolekül ist also doppelt so viel Wasserstoff wie Sauerstoff enthalten.

Können Rosenblätter Säure anzeigen?

Das brauchst du:
- Batterie (9 Volt oder 2 x 4,5 Volt)
- 2 isolierte Kupferdrähte (je etwa 30 cm lang) ■ Natriumsulfat (Glaubersalz, aus der Apotheke) ■ Blatt einer roten Rose
- weiße Untertasse ■ Klebeband

Nicht nur Rotkohlsaft enthält einen Farbstoff, der auf Säuren und Basen mit Farbänderungen reagiert.

So geht's:

Löse in der Untertasse eine Messerspitze Natriumsulfat in zehn Milliliter Wasser (etwa ein Esslöffel). Zerschneide und zerdrück das Blütenblatt in kleine Fetzen und gib sie in die Lösung. Sie muss möglichst rot gefärbt sein (notfalls das Blatt zerreiben). Entferne die Isolierung an beiden Drahtenden auf je etwa zwei Zentimetern. Verbinde je ein Drahtende mit der Batterie (evtl. mit Klebeband fixieren) und tauch die anderen Enden einige Minuten lang in geringem Abstand in die Lösung. An dem mit dem Pluspol verbundenen Draht färbt sich die Lösung hellrot, am Minus-Draht entsteht zunächst ein schönes Blau, das nach kurzer Zeit in Gelb übergeht.

Das geschieht:

Der rote Farbstoff aus dem Rosenblatt wird am Pluspol hellrot gefärbt, weil dort eine Säure entsteht. Am Minuspol dagegen bildet sich eine Base und färbt ihn blau. Wenn die Base zu konzentriert wird, verändert sie den Farbstoff allerdings chemisch – das zeigt die Gelbfärbung an. Du kannst sie, anders als die blaue Farbänderung, auch durch Zugabe von Säure (Verrühren der Lösung) nicht rückgängig machen.

? Schon gewusst?

Die grünen Blätter der Pflanzen enthalten eigentlich mehrere Farbstoffe, die dort verschiedene Aufgaben erfüllen. Man sieht sie nur nicht, weil sie vom Blattgrün überdeckt werden. Im Herbst aber ziehen die Pflanzen das Blattgrün ein. Es enthält nämlich einen wichtigen Stoff, das chemische Element Magnesium, und den speichert die Pflanze fürs nächste Jahr. Die anderen Farbstoffe dagegen bleiben in den Blättern und entfalten jetzt ihre Leuchtkraft. Manche Pflanzen stecken nun auch weitere Stoffe, die sie nicht mehr brauchen, in die Blätter, nutzen sie also als Abfalleimer. Diese Abfallstoffe erzeugen die kräftigen Rottöne.

Woraus besteht Kochsalz?

Das brauchst du:
■ leeren Jogurtbecher ■ 2 isolierte Kupferdrähte (je etwa 30 cm lang) ■ Kochsalz ■ Batterie (9 Volt oder 2 x 4,5 Volt) ■ Rotkohlsaft aus Experiment „Warum ist Rotkohl manchmal rot, manchmal blau?" (Seite 94)

Vorsicht: Diesen Versuch solltest du wegen der Geruchsentwicklung am offenen Fenster oder noch besser im Freien durchführen! Atme das entstehende Chlorgas möglichst nicht ein!

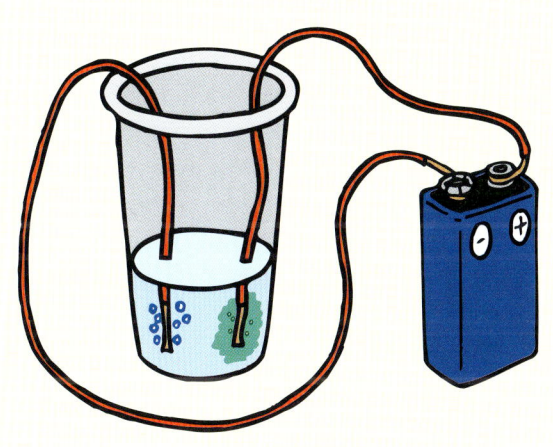

So geht's:

Füll den Jogurtbecher mit Wasser und lös zwei Esslöffel Salz darin. Verbinde je ein Ende der Drähte mit einem der Batterieanschlüsse und tauch die anderen Enden in die Salzlösung. Nach einigen Sekunden wird am Draht, der mit dem Pluspol der Batterie verbunden ist, ein stechend riechendes Gas frei. Weil es das Kupfer des Drahtes angreift, färbt sich die Lösung hier bläulich. Am anderen Draht steigen feine Gasblasen auf. Fass mit zwei Fingern in das Wasser um den Draht und reib dann deine Finger aneinander – sie fühlen sich seifig an. Danach bitte gleich Hände waschen! Tropf an diese Stelle etwas Rotkohl-Indikator. Er färbt sich blaugrün – als Zeichen, dass hier eine Base (Lauge) entstanden ist.

Das geschieht:

An dem Draht, der mit dem Pluspol verbunden ist, bildet sich Chlorgas. Es ist in größerer Menge gelbgrün und reizt zum Husten, du solltest es also möglichst nicht einatmen. Den Geruch wirst du kennen – nämlich aus dem Schwimmbad, wo das Wasser gegen Bakterien gechlort wird.

Der zweite Bestandteil von Kochsalz ist Natrium. Es gehört chemisch zu den Metallen. Natrium reagiert aber sehr schnell mit Wasser; dabei entstehen Wasserstoff und Natronlauge. Die feinen Gasbläschen am Draht rühren vom Wasserstoffgas her, Natronlauge färbt den Rotkohlsaft blaugrün.

Das bekannte weiße Pulver mit dem salzigen Geschmack setzt sich also aus zwei Stoffen zusammen, von denen einer ein giftiges Gas, der andere ein Metall ist. Stoffe verändern ihre Eigenschaften doch ganz erheblich, wenn sie mit anderen Stoffen chemische Verbindungen eingehen.

?

Schon gewusst?

Elektrochemie nennt man das Teilgebiet der Chemie, das sich mit chemischen Umwandlungen mithilfe des elektrischen Stroms befasst. So werden jährlich Abertausende Tonnen Kochsalz zersetzt, um Wasserstoff, Natronlauge und Chlor zu gewinnen – wichtige Rohstoffe der Chemieindustrie. Auch Aluminium und viele andere Metalle werden elektrochemisch gewonnen, Kupfermetall mithilfe des elektrischen Stroms gereinigt. Elektrochemische Reaktionen finden in Batterien, Akkus und Brennstoffzellen statt. Und auch die Galvanoplastik, das Überziehen von Gegenständen mit Metallschichten, geht mithilfe des Stroms vonstatten.

Schrauben mit unterschiedlichen Schutzschichten

Wie kann man bequem Silber reinigen?

Das brauchst du:
- Plastikschüssel ■ angelaufenes Silberbesteck ■ Natron (Backpulver) ■ Alufolie

Mit wissenschaftlichen Versuchen kann man auch etwas Nützliches für den Alltag herausfinden – zum Beispiel wie man mithilfe der Elektrochemie Silberbesteck schonend reinigt.

So geht's:

Füll die Plastikschüssel etwa zur Hälfte mit warmem Wasser und lös darin ein Päckchen Natron auf (etwa 15 bis 20 Gramm). Breite die Alufolie auf dem

Schüsselboden aus und leg die angelaufenen Besteckteile so hinein, dass sie Kontakt mit der Alufolie haben. Beobachte, was im Laufe der nächsten Stunde geschieht. Riechst du etwas Besonderes? Spül danach das gereinigte Besteck gründlich mit Wasser ab und trockne es.

Schon gewusst?

Konservendosen bestehen häufig aus Eisen und enthalten zudem oft saure Speisen. Dennoch rosten sie nicht, selbst wenn die Nahrungsmittel jahrelang in ihnen aufbewahrt werden. Denn sie haben einen besonderen Schutz: Sie bestehen aus Weißblech. Das ist Eisenblech, das mit einer Schicht aus dem Metall Zinn überzogen ist. Zinn ist edler, also chemisch widerstandsfähiger als Eisen und schützt es vor chemischen Angriffen aus Nahrungsmittelbestandteilen. Doch wenn die Zinnschicht verletzt wird, ist es mit dem Schutz vorbei. Das Eisen bietet jetzt Angriffsstellen; außerdem bilden sich dort Lokalelemente, die den Angriff auf das Eisen noch beschleunigen. Deshalb darf man auf keinen Fall Nahrungsmittel in geöffneten Konservendosen aufbewahren – allein das Öffnen hat die Zinnschicht schon beschädigt.

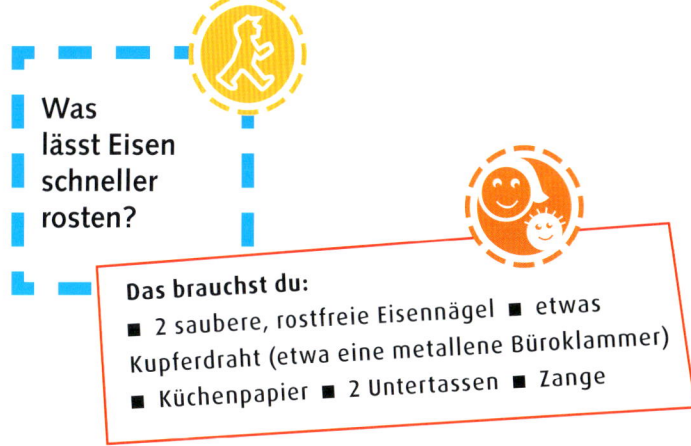

Was lässt Eisen schneller rosten?

Das brauchst du:
- 2 saubere, rostfreie Eisennägel ■ etwas Kupferdraht (etwa eine metallene Büroklammer)
- Küchenpapier ■ 2 Untertassen ■ Zange

Eisen rostet an feuchter Luft leicht und muss daher geschützt werden. Doch bestimmte Umstände können das Tempo des Verrostens sogar noch beschleunigen.

So geht's:

Leg ein Stück Küchenpapier auf eine der Untertassen und feuchte es reichlich mit Wasser an. Wickle die Büroklammer um einen der Nägel, am besten mithilfe der Zange – wichtig ist vor allem metallischer Kontakt. Leg beide Nägel in möglichst großem Abstand auf das nasse Papier und deck die zweite Untertasse darüber. Schau etwa jede Stunde nach Veränderungen. Wo treten die ersten Rostflecken auf?

Das geschieht:

Wenn du einmal in die Schüssel hineinriechst, wirst du einen unangenehmen Geruch wahrnehmen, wie von Stinkbomben. Das ist Schwefelwasserstoffgas. Der dunkle Belag auf dem Silber besteht nämlich aus einer Silber-Schwefel-Verbindung. Der Schwefel stammt aus der Luft oder aus der Nahrung – Eier zum Beispiel sind reich an Schwefel (und sollen daher nicht mit Silberlöffeln gegessen werden). Bei Kontakt bilden Silber und Aluminium eine kleine Batterie, ein sogenanntes Lokalelement. Die dabei in der warmen Natronlösung ablaufenden chemischen Reaktionen zersetzen die Silber-Schwefel-Verbindung, bilden reines Silber zurück und setzen den Schwefel als Schwefelwasserstoff frei.

Das geschieht:

Der mit Kupferblech umwickelte Nagel rostet deutlich rascher als der unbehandelte Nagel. Zwar verändert sich dabei das Kupfer selbst nicht, aber es fördert das Rosten des Eisens. Die Ursache: Kupfer und Eisen bilden zusammen ebenfalls eine schwache Batterie (ein Lokalelement) und die dadurch ablaufenden elektrochemischen Reaktionen greifen das Eisen an.

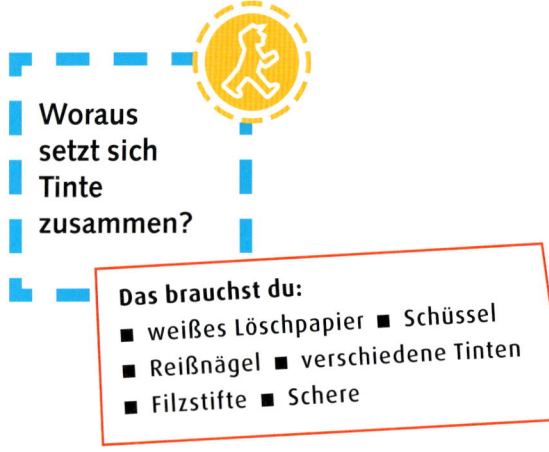

Woraus setzt sich Tinte zusammen?

Das brauchst du:
- weißes Löschpapier ■ Schüssel
- Reißnägel ■ verschiedene Tinten
- Filzstifte ■ Schere

So geht's:

Schneide das Löschpapier in Streifen von je einem Zentimeter Breite. Tropf jeweils zwei Zentimeter vom unteren Rand entfernt einen Tropfen farbige (blaue, rote, grüne und vor allem schwarze) Tinte darauf und lass sie eintrocknen. Befestige die Streifen nebeneinander mit Reißnägeln an der Wand und schieb eine mit Wasser gefüllte Schüssel so darunter, dass die Streifen jeweils etwa einen Zentimeter weit ins Wasser ragen.

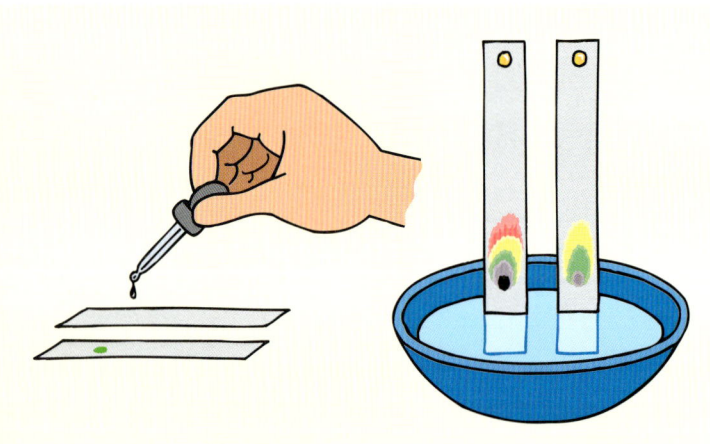

Das geschieht:

Im Laufe einiger Stunden steigt das Wasser im Löschpapier hoch und nimmt dabei die Farben der Tinten unterschiedlich weit mit. So kannst du sie auf dem Papier gut unterscheiden. Hättest du gedacht, dass in schwarzer Tinte fast alle Farben des Regenbogens zusammengemischt sind, nicht aber die Farbe Schwarz? Jede der Farben schluckt einen Teil des Regenbogenspektrums aus dem weißen Licht, bis nichts mehr übrig bleibt. Mit dieser Methode, der „Chromatografie", kannst du auch die Farbstoffe von Filzstiften zerlegen.

Wie zündet man einen Zuckerwürfel an?

Das brauchst du:
- 2 Zuckerwürfel ■ Untertasse ■ Streichhölzer ■ Asche von einem Holzofen

Vorsicht, verbrenn dich nicht!

Aus diesem Versuch kannst du eine Wette machen: „Wetten, dass ich einen Zuckerwürfel anzünden und brennen lassen kann?" Wenn deine Freunde den Trick nicht kennen, wird es ihnen nämlich nicht gelingen.

So geht's:

Leg den Zuckerwürfel auf die Untertasse und versuch, ihn anzuzünden. Es wird dir nicht gelingen; die Hitze deines Streichholzes schmilzt ihn nur zu braunem Karamell zusammen.
Wiederhole den Versuch mit einem neuen Würfel, auf dessen Ecke du eine Spur Asche verrieben hast. Der Zucker fängt Feuer und brennt mit blassblauer Flamme.

Schon gewusst?

Chromatografie ist heute eine der wichtigsten Methoden zum Trennen von Stoffgemischen. Man nutzt dafür aber nicht Papier, sondern mit speziellen Pulvern gefüllte Glasrohre, in denen die Gemische emporsteigen. Winzigste Stoffmengen im Bereich von millionstel Gramm trennt man mit dem „Gas-Chromatografen": Ein schwacher Gasstrom treibt das Stoffgemisch durch ein viele Meter langes dünnes Metallröhrchen, dessen Innenwand mit einer öligen Flüssigkeit belegt ist. An ihr bleiben die Bestandteile des Gemisches unterschiedlich lange haften, sodass sie nacheinander am Ende des Röhrchens ankommen. Dort registriert sie ein hochempfindlicher elektronischer Detektor und ermittelt ihre chemische Zusammensetzung. Kriminalisten können damit zum Beispiel noch winzigste Spuren von Drogen im Blut oder von Benzin in den verkohlten Balken eines abgebrannten Hauses nachweisen.

Das geschieht:

Zucker und Asche, jeweils allein angezündet, brennen nicht. Werden sie aber zusammengebracht, so unterhält die Asche die Verbrennung des Zuckers, ohne sich selbst dabei zu verändern – deshalb reicht schon eine winzige Menge.

Stoffe, die chemische Vorgänge unterstützen, ohne sich dabei selbst zu verändern, nennt man „Katalysatoren". Auch in den Auspuffen moderner Autos gibt es Katalysatoren. Sie bestehen aus Platin und unterstützen die Umwandlung gefährlicher Motorabgase, vor allem der giftigen Gase Kohlenmonoxid und Stickoxid, in ungefährliche Stoffe wie Wasser, Stickstoff und Kohlendioxid.

Wie kann man selbst Karamellbonbons herstellen?

Das brauchst du:
- Rohrzucker (Haushaltszucker)
- Pfanne ■ Butter ■ Backpapier
- Kochlöffel

Zum Abschluss unseres Ausflugs in die Chemie findest du hier noch eine besonders angenehme „Stoffumwandlung".

So geht's:

Gib etwa 20 Esslöffel Zucker in die Pfanne. Feuchte ihn mit einigen Tropfen Wasser an und gib einen Esslöffel Butter darauf. Erwärme das Ganze vorsichtig und langsam auf dem Herd. Butter und Zucker schmelzen, das Gemisch färbt sich gelblich und wirft Blasen. Rühr immer wieder mit dem Löffel um, damit es nicht anbrennt.

Schütte die heiße Masse dann auf ein Stück Backpapier. Nach einigen Minuten

erstarrt sie. Jetzt kannst du sie auseinanderschneiden oder zerbrechen und die selbst gemachten Karamellbonbons unter deinen Freunden verteilen.

Das geschieht:

Die Wärme lässt bestimmte chemische Reaktionen zwischen Zucker und Butter ablaufen (ähnliche Reaktionen treten auch beim Kuchenbacken und beim Braten ein). Sie erzeugen den Karamellgeruch und -geschmack und die gelbbraune Farbe.

Experimente zu Klima und Umwelt

Vor 2000 Jahren lebten auf der gesamten Erde nur etwa 150 Millionen Menschen. Heute sind es 6,9 Milliarden! Dieses enorme Bevölkerungswachstum und die vielfältige Tätigkeit des Menschen haben zu zahlreichen Problemen geführt: Das Klima auf der Erde wandelt sich, Schadstoffe verschmutzen die Gewässer, manche Rohstoffe sowie in einigen Gebieten die Süßwasserreserven werden knapp. Was hinter solchen Umweltproblemen steckt und wo es bereits Lösungen gibt, zeigen dir die Versuche in diesem Kapitel.

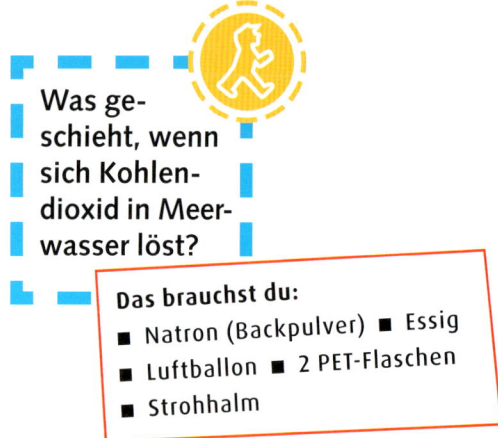

Was geschieht, wenn sich Kohlendioxid in Meerwasser löst?

Das brauchst du:
- Natron (Backpulver) ■ Essig
- Luftballon ■ 2 PET-Flaschen
- Strohhalm

Täglich verbrennen wir gewaltige Mengen an Kohle, Erdöl und Erdgas zur Energiegewinnung und setzen dabei viel Kohlendioxid frei. Dieses Gas ist eine der Ursachen für den Treibhauseffekt, den Forscher für die Erwärmung des Erdklimas verantwortlich machen. Auch löst sich ein Teil des Kohlendioxids im Meerwasser und bildet Kohlensäure – mit schwerwiegenden Folgen für viele Meereslebewesen.

So geht's:

Füll eine der Flaschen etwa zu einem Viertel mit kaltem Wasser. Gib in die andere einen Beutel Natron und schütte etwa eine Tasse voll Essig dazu. Das Natronpulver schäumt auf, weil sich Kohlendioxidgas entwickelt. Zieh gleich den Luftballon über die Flaschenöffnung – er bläst sich durch das in der Flasche entstandene Kohlendioxid auf.

Hat die Gasentwicklung nachgelassen, zieh den Ballon ab und blas seinen Inhalt mittels des Strohhalms in die andere PET-Flasche. Dazu stülpst du den Ballonansatz über ein Ende des Strohhalms und drückst ihn gasdicht zusammen, das andere Ende des Strohhalms hältst du in die PET-Flasche. Verschließe sie und schüttle sie dann gründlich: Sie knickt zusammen!

Das geschieht:
Die Flasche knickt zusammen, weil in ihrem Innern der Druck gesunken ist. Das Kohlendioxid hat sich nämlich im Wasser gelöst. Probier es: Das Wasser schmeckt nun etwas säuerlich, wie Sprudel. Denn auch im Sprudel sorgt Kohlensäure für den erfrischend sauren Geschmack. Im Meer aber erschwert Kohlensäure die Bildung der Kalkgehäuse, mit denen sich Muscheln, Schnecken und Korallen schützen, oder löst sie sogar auf. Das führt zum Tod dieser Tiere.

Schon gewusst?
Kohlendioxid ist lebensnotwendig: Die grünen Pflanzen bilden aus Kohlendioxid und Wasser mithilfe von Sonnenlicht all ihre Baustoffe und damit unsere Nahrung. Doch der Mensch bläst immer mehr Kohlendioxid in die Luft. Der steigende Kohlendioxidgehalt der Erdatmosphäre ist eine der Hauptursachen der Klimaerwärmung. Wie die Glasscheiben in einem Treibhaus Sonnenenergie zwar eindringen lassen, die Abstrahlung von Wärme aber verhindern, so bremst Kohlendioxid in der Lufthülle der Erde den Abfluss von Wärmestrahlung ins All. Durch diesen Treibhauseffekt steigen die Temperaturen. Die Folge: In vielen Regionen der Erde wird sich vermutlich das Klima ändern.

Wann steigt der Meeresspiegel?

Das brauchst du:
- 2 Trinkgläser ■ Plastikfolie
- Klebeband ■ Filzstift
- Eiswürfel ■ Schere

Wie wirkt sich die Klimaerwärmung auf das Eis der Polargebiete aus und was sind die Folgen?

So geht's:
Füll beide Trinkgläser zur Hälfte mit Wasser. Glas 1 lässt du offen, bei Glas 2 spannst du über die Öffnung ein Stück Plastikfolie und stichst mit der Schere zwei oder drei kleine Löcher in die Mitte. Gib nun in Glas 1 zwei Eiswürfel und markier mit dem Filzstift den Wasserstand. Bei Glas 2 legst du die Eiswürfel auf die Folie und markierst ebenfalls den Wasserstand im Glas. Warte nun, bis das Eis geschmolzen ist, und untersuche dann die jeweiligen Wasserstände.

Glas 1   Glas 2

Das geschieht:
Der Wasserstand in Glas 1 verändert sich nicht. Das schwimmende Eis braucht nämlich ebenso viel Raum wie das daraus entstehende Wasser. Daher würde der Meeresspiegel nicht ansteigen, wenn schwimmendes Eis schmilzt, wie etwa die riesigen Eisflächen rund um den Nordpol.
In Glas 2 dagegen lässt das Schmelzwasser den Wasserstand steigen. Ebenso würde schmelzendes Festlandeis, etwa von den Gletschern Grönlands oder vom Festland der Antarktis, den Meeresspiegel heben.

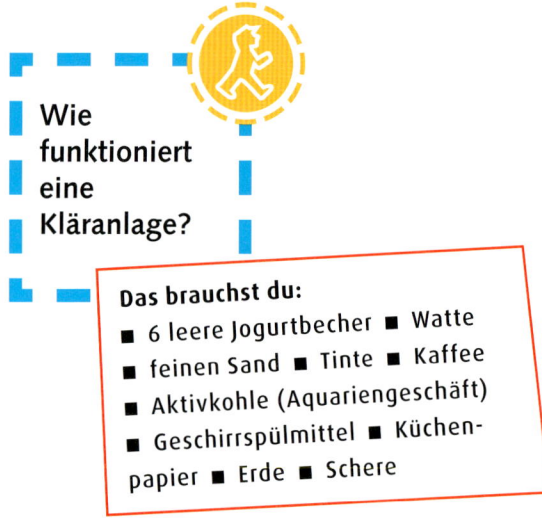

Wie funktioniert eine Kläranlage?

Das brauchst du:
- 6 leere Jogurtbecher ▪ Watte
- feinen Sand ▪ Tinte ▪ Kaffee
- Aktivkohle (Aquariengeschäft)
- Geschirrspülmittel ▪ Küchenpapier ▪ Erde ▪ Schere

So geht's:

Schlag mit Hammer und Nagel in den Boden von vier der Becher je zwei bis drei kleine Löcher. Schneide dann vier runde Scheiben Küchenpapier aus und leg sie auf die Böden der gelochten Becher. Füll in den ersten Becher Watte, in den zweiten zwei Zentimeter hoch Sand, in den dritten etwa einen Zentimeter hoch Aktivkohle, in den vierten einen Zentimeter hoch Sand.

Jetzt stellst du die Becher zu einem Turm ineinander: ganz unten den ungelochten Becher, darüber den mit einem Zentimeter Sand, dann den mit

Aktivkohle, darüber den mit zwei Zentimetern Sand und ganz oben den Becher mit Watte.

Rühr im letzten noch übrigen Jogurtbecher ein schön schmutziges Gemisch aus zum Beispiel Wasser, etwas Erde, etwas Tinte, einer Prise Kaffeepulver und einem Spritzer Spülmittel zusammen. Füll es nach und nach in den obersten Becher des Reinigungsturms.

Untersuche schließlich das durchgelaufene Wasser im untersten Becher. Es ist völlig klar, allerdings schäumt es beim Schütteln: Das Spülmittel lässt sich nicht so leicht entfernen. Trink daher auf keinen Fall von diesem Wasser, auch wenn es klar aussieht!

Das geschieht:

Deine Anlage reinigt, wie auch eine richtige Kläranlage, das Abwasser in mehreren Stufen. Die Watte hält grobe Verunreinigungen zurück, während der Sand und das Küchenpapier feine Stoffe herausfiltern. Die Aktivkohle hat eine große innere Oberfläche, an der sich Farb- und Geruchsstoffe binden. Eine richtige Kläranlage umfasst zudem noch eine biologische Stufe – ein großes Becken, in dem Kleinlebewesen zahlreiche Schadstoffe abbauen.

①	② Küchenpapier		
③ Watte	Sand	Aktivkohle	Sand	④

Wie lässt sich aus Salzwasser Süßwasser gewinnen?

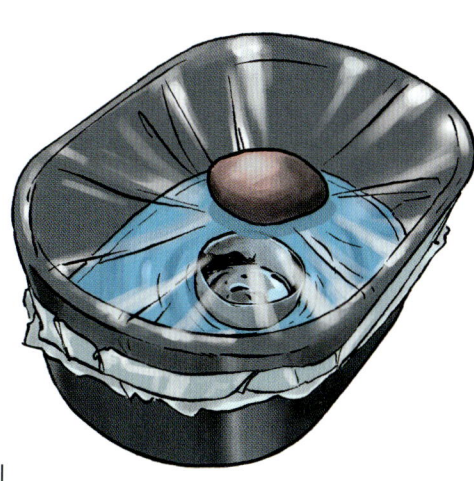

Das brauchst du:
- schwarze Plastikschale (Supermarkt, wird oft zur Lebensmittelverpackung genutzt) ▪ durchsichtige Plastikfolie
- Salz ▪ kleinen Stein ▪ Teelichtbecher
- Alleskleber ▪ Klebeband

So geht's:

Wasch den Teelichtbecher aus und kleb ihn genau in die Mitte der Plastikschale. Füll Wasser in die Schale (der Teelichtbecher muss aber noch herausschauen) und lös darin etwa drei Esslöffel Salz. Probier jetzt das Wasser: Die Lösung schmeckt kräftig salzig. Spanne nun die Plastikfolie über die schwarze Schale. Zieh sie straff und befestige sie mit dem Klebeband. Beschwere die Folie genau über dem Teelichtbecher mit dem Stein, sodass sie dort etwas nach unten zeigt. Stell die Schale nun für einige Stunden (oder auch Tage) in den vollen Sommersonnenschein. Nach und nach sammeln sich Tröpfchen an der Folie und rinnen zum Teil in den Teelichtbecher. Hat sich dort etwas Wasser gesammelt, kannst du die Folie abziehen. Probier das Wasser im Becher: Schmeckt es salzig?

Das geschieht:

Der schwarze Kunststoff nimmt viel Wärme auf und lässt einen Teil des Wassers verdunsten. Das Wasser im Becher schmeckt nicht salzig, denn beim Verdunsten von Salzwasser bleibt das Salz zurück. Allerdings, auch das zeigt der Versuch, ist diese Methode nicht sehr wirksam – selbst nach Tagen hat sich nur wenig Wasser angesammelt. Große Meerwasserentsalzungsanlagen nutzen daher andere Methoden: Zum Beispiel verdampfen sie das Wasser mit Heizwärme, was allerdings viel Energie kostet.

Tipp
Der Versuch funktioniert nur an heißen Sommertagen!

Schon gewusst?

Mehr als ein Fünftel der Weltbevölkerung muss mit knappem Trinkwasser auskommen, das zudem noch oft mit Giftstoffen und Krankheitserregern verschmutzt ist. Sehr häufig fehlt auch Wasser zur Bewässerung der landwirtschaftlich genutzten Flächen. Mit zunehmender Klimaerwärmung und angesichts der rasch wachsenden Weltbevölkerung verschärfen sich die Probleme. Daher arbeitet man an Methoden zur kostengünstigen Meerwasserentsalzung sowie an besonders sparsamen Bewässerungsmethoden.

Experimente zur Biologie

Einen Experimentator interessiert natürlich auch die geheimnisvolle Welt des Lebens. Mit Tieren allerdings solltest du auf gar keinen Fall experimentieren. Dafür bietet dir aber das Pflanzenreich eine Fülle spannender Versuche. Am Anfang des Pflanzenlebens steht ein ganz kleines Ding: das Samenkorn. Ist es nicht erstaunlich, dass sich aus den oft winzigen Körnchen große Pflanzen entwickeln können?

Was kann man in einem Samenkorn finden?

Das brauchst du:
- 3 trockene Bohnen ■ tiefen Teller
- Lupe (5- bis 10-fache Vergrößerung)

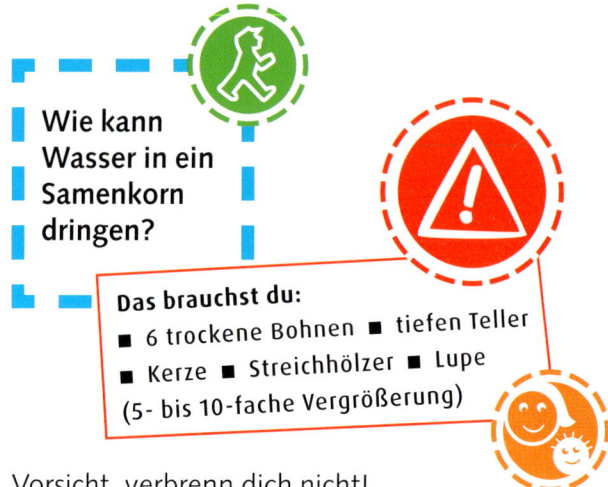

Wie kann Wasser in ein Samenkorn dringen?

Das brauchst du:
- 6 trockene Bohnen ■ tiefen Teller
- Kerze ■ Streichhölzer ■ Lupe
(5- bis 10-fache Vergrößerung)

Vorsicht, verbrenn dich nicht!

In den nächsten Versuchen wollen wir Samen und ihre Keimung etwas genauer untersuchen. Am besten nimmst du dazu Bohnen, denn sie sind besonders große und leicht erhältliche Samenkörner.

So geht's:
Leg drei Bohnen für ein paar Stunden ins Wasser und vergleich sie dann mit den anderen. Haben sie sich verändert? Öffne nun eine dieser Bohnen mit dem Daumennagel und untersuch sie mit der Lupe. Was siehst du?

Das geschieht:
Die angefeuchteten Bohnen sind größer geworden; ihre Haut hat Falten und ist vielleicht aufgeplatzt. Unter der Lupe erkennst du die noch winzige Pflanze, den Keimling. Die gelbliche Masse rundherum (die „Keimblätter") stellt die erste Nahrung für diesen Keimling dar; sie muss reichen, bis er die ersten Wurzeln und Blätter ausgebildet hat.

Wochenlang, vielleicht sogar seit Monaten liegen die Bohnen im Geschäft und nichts rührte sich. Erst Wasser erweckt sie zum Leben. Auch in der Natur keimen Samen erst, wenn es feucht genug ist. Das ist auch gut so, denn das sich entwickelnde Pflänzchen braucht viel Wasser. Doch wie spüren Bohnen mit ihrer glatten, undurchlässig wirkenden Schale die Feuchtigkeit?

So geht's:

Such dir sechs Bohnen mit vollkommen unbeschädigter Haut aus und untersuch sie sorgfältig mit der Lupe. Bis auf eine Stelle an der Seite sind sie glatt und gleichmäßig gefärbt. Diese eine Stelle sieht aus wie eine weiße Narbe. An einem Ende dieser Narbe kannst du einen winzigen Punkt erkennen. Zünde eine Kerze an und lass bei drei deiner Bohnen jeweils etwas Wachs auf die Narbe tropfen. Leg alle sechs Bohnen über Nacht ins Wasser.

Das geschieht:

Am nächsten Morgen sind die drei mit Wachs verschlossenen Bohnen vermutlich unverändert, die anderen drei jedoch aufgequollen. Das kleine Loch in der Narbe ist also die Stelle, an der das Wasser in die Bohne eindringt.

Schon gewusst?

Der Riesenmammutbaum in Kalifornien kann bis zu 120 Meter hoch werden: siebenmal so hoch wie ein sechsstöckiges Wohnhaus! Er wiegt dann rund 2500 Tonnen, so viel wie  60 große Lastwagen. Dabei entwickelt sich der Baum aus einem Samenkorn, das nur etwa ein Zweihundertstelgramm wiegt. Er steigert also sein Gewicht während seines Wachstums um das 400-Milliardenfache! Allerdings braucht er dafür auch viele Jahrhunderte.

Welche Kraft können Samen beim Quellen freisetzen?

Vorsicht, Gipspulver staubt und gibt Flecken! Atme es möglichst nicht ein und wasch dir nachher gut die Hände!

Das brauchst du:
- trockene Erbsen oder Reis ■ Glas
- Gips ■ leeren großen Jogurtbecher
- Holzstab ■ Pappschachtel ■ Schüssel

Wenn Wasser in ein Samenkorn dringt, verändert sich der Samen. In seinem Innern laufen bestimmte Vorgänge ab, die die Keimung vorbereiten. Und er wird deutlich größer.

So geht's:

Füll ein Glas mit trockenen Erbsen oder Reis und schütte Wasser bis zum Rand hinein. Nach einigen Stunden sind Erbsen oder Reis gequollen und schieben sich über den Rand hinaus.
Rühr im Jogurtbecher etwas Gips mit Wasser an und füll ihn in eine Pappschachtel. Drück etwa ein Dutzend trockener Erbsen in Form eines Kreuzes hinein und bedeck sie einige Millimeter hoch mit Gipsbrei. Wenn er nach etwa einer Stunde fest ist, legst du den Gipsblock einen Tag lang in eine Schüssel mit Wasser.

Das geschieht:

Die Erbsen bzw. der Reis nehmen Wasser auf und vergrößern dabei ganz erheblich ihr Volumen. Die Kraft, die sie dabei entfalten, ist fast unglaublich. Das zeigt der Gipsversuch: Die durch das einsickernde Wasser quellenden Erbsen oder Reiskörner sprengen den Gips auseinander.

Das brauchst du:
■ 3 trockene Bohnen
■ leeres Honig- oder Einmachglas
■ Küchenpapier ■ Gartenerde

Vielleicht hast du ja Lust, auf eurem Balkon eine kleine Bohnenplantage anzulegen? Dazu musst du die Körner erst keimen lassen. Mit dieser Versuchsanordnung kannst du die Keimung gut beobachten.

So geht's:

Leg drei Bohnen über Nacht in Wasser. Schneide einen Küchenpapierstreifen von der Höhe des Glases und etwa dem doppelten Umfang zurecht. Leg den Streifen innen entlang der Glaswand ins Glas. Füll das Glas mit lockerer Gartenerde. Nun steckst du die gequollenen Bohnen zwischen Papier und Glaswand. Tränk die Erde mit Wasser und stell das Ganze dann an eine warme und helle Stelle, zum Beispiel aufs Fensterbrett. Befeuchte die Erde jeden Tag und notiere, was mit den Bohnen passiert.

Das geschieht:

Zuerst siehst du winzige Wurzeln hervorkommen. Dann bildet sich ein kleiner Bogen und entwickelt sich zum Stängel. Nach wenigen Tagen richtet sich der Stängel auf und treibt dabei die beiden Bohnenhälften auseinander.
Wenn du die Pflänzchen weiter beobachten willst, solltest du sie spätestens in diesem Stadium in einen Blumentopf umpflanzen. Dann kannst du beobachten, wie sich erste Blätter ausbilden und das Pflänzchen heranwächst.

Schon gewusst?

Schon die alten Ägypter nutzten die Quellkraft von Pflanzen. Sie hatten beobachtet, dass trockenes Holz quillt, wenn es nass wird, und dabei eine gewaltige Kraft entfaltet. Diese Kraft nutzten sie, um Steine zu sprengen. Sie bohrten Löcher hinein, trieben in die Bohrlöcher trockene Keile und gossen Wasser hinzu. Nach einiger Zeit bildeten sich Risse – die gequollenen Keile hatten den Stein gesprengt.

Das brauchst du:
■ Maiskörner ■ Radieschensamen
■ leeres Honig- oder Einmachglas
■ Küchenpapier ■ Gartenerde

So geht's:

Besorg dir einige Maiskörner und Radieschensamen. Bring alle Samen zum Quellen und lass sie wie im vorigen Versuch zwischen Papier und Glaswand keimen. Achte auf die unterschiedlichen Formen der Keimlinge.

Das geschieht:

Beim Mais wird zuerst eine scharfe grüne Spitze hervorkommen, die aus zusammengefalteten Blättern besteht. Außerdem bleibt das Maiskorn unten stecken und kommt nicht wie die Bohne empor. Der Radieschenkeimling ähnelt dem der Bohne, ist aber viel kleiner.

Bohne und Radieschen gehören zu den sogenannten „zweikeimblättrigen Pflanzen", denn der Samen besteht bei ihnen aus zwei Hälften. Der Mais ist eine „einkeimblättrige Pflanze", denn bei ihm besteht der Samen aus nur einem Teil.

Bewahre die Keimlinge für den nächsten Versuch auf.

Bei einkeimblättrigen Pflanzen treibt der Keimling ein einzelnes Blatt heraus (oben). Zweikeimblättrige Pflanzen entwickeln zwei Keimblätter.

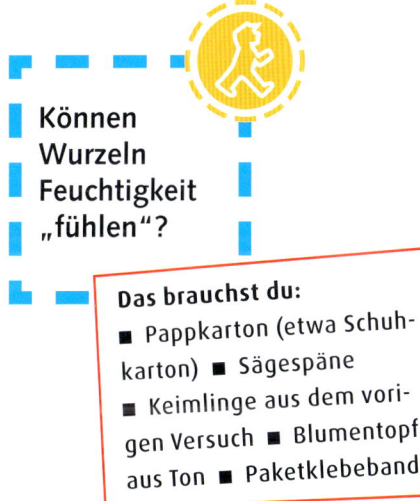

Können Wurzeln Feuchtigkeit „fühlen"?

Das brauchst du:
- Pappkarton (etwa Schuhkarton) ■ Sägespäne
- Keimlinge aus dem vorigen Versuch ■ Blumentopf aus Ton ■ Paketklebeband

So geht's:

Füll den Pappkarton mit Sägespänen (du kannst aber auch Watte oder Zeitungspapierschnitzel verwenden). Kleb das Loch im Boden des Blumentopfs sorgfältig von innen und außen mit Paketklebeband zu.

Setz den Blumentopf an ein Ende des Kartons in die Sägespäne. Pflanz nun die Keimlinge aus dem vorigen Versuch ebenfalls in die Sägespäne und füll den Blumentopf halb mit Wasser. Nimm die Keimlinge nach einigen Tagen wieder heraus.

Das geschieht:

Die Wurzeln der Keimlinge sind nun nicht mehr gerade, sondern in die Richtung des Blumentopfes gebogen: Die Wurzeln haben das wenige Wasser gespürt, das durch den porösen Ton gesickert ist, und sind ihm entgegengewachsen.

Schon gewusst?

Viele Samen benötigen außer Wasser auch Licht zum Keimen. Im Dunkeln tut sich nichts. Es genügt aber ganz kurze Beleuchtung und schon geht es los. Das ist auch gut so: Dadurch keimen immer nur diejenigen Samen, die nahe der Erdoberfläche liegen und damit gute Entwicklungschancen haben. Manche Bauern machen sich dies bei der Unkrautbekämpfung zunutze und pflügen nachts. Beim Pflügen im Tageslicht bekommen nämlich alle Samen, die kurz an die Oberfläche gelangen, das Startsignal zum Keimen.

Dadurch treiben auch solche Samen aus, die der Pflug dann wieder mit Erde überhäuft – die Unkräuter. Nach dem nächtlichen Pflügen aber keimen nur die frisch gesäten Samen an der Erdoberfläche.

Spüren Wurzeln die Schwerkraft?

Schon gewusst?

Viele Pflanzenkeimlinge haben zwei verschiedene Wachstumsprogramme. Im Dunkeln (normalerweise in der Erde) bleibt der Spross hakenförmig und durchstößt so den Boden. Blätter entwickelt er noch nicht, denn sie würden beim Durchstoßen harter Erde zu leicht beschädigt. Spürt der Keim aber auch nur für einige Minuten Licht, ändert er sofort sein Wachstumsprogramm. Dann richtet er sich auf und entfaltet die ersten Blätter.

Pflanzenwurzeln wachsen normalerweise nach unten, also in den Boden hinein, wo sie Halt und Feuchtigkeit finden. Doch woher weiß denn eine Pflanzenwurzel überhaupt, wo „unten" ist? Spürt sie vielleicht die Schwerkraft?

So geht's:

Schneide das Löschpapier auf die gleiche Größe wie die Glasscheiben. Leg es auf eine der Scheiben und tränk es mit Wasser. Nun streu einige Radieschensamen auf das Papier. Leg dann vorsichtig die zweite Scheibe darauf, ohne die Samen zu zerdrücken. Kleb beide Scheiben mit Klebeband zusammen und stell sie aufrecht in den Teller, in dem etwa einen Zentimeter hoch Wasser steht. Stütz die Scheiben mit den beiden wassergefüllten Gläsern ab, damit sie nicht umfallen. Die Samen werden bald keimen und Wurzeln austreiben.

Wenn es so weit ist, nimm die Scheiben aus dem Wasser heraus, trockne das Glas außen ab und kleb lange Streifen Klebeband so über die Außenkanten, dass sie den Innenraum möglichst abschließen. Das soll verhindern, dass das Papier zu schnell austrocknet. Das Wasser im Teller kannst du weggießen.

Stell jetzt die Scheiben so auf, dass die Wurzeln nach oben zeigen, und beobachte, was geschieht.

Das geschieht:

Nach einiger Zeit werden die Wurzeln sich herumdrehen und wieder nach unten zeigen. Ebenso werden sich auch die Spitzen umdrehen und wieder nach oben zeigen. Pflanzenwurzeln besitzen also ein Gespür für die Schwerkraft; sie können oben und unten unterscheiden. Die Spitzen mit den sich entwickelnden Blättern dagegen orientieren sich vorzugsweise zum Licht hin.

Man hat auch schon Keime in der Schwerelosigkeit einer Raumstation gezüchtet. Dort gibt es kein Oben und Unten und die Wurzeln wucherten orientierungslos in alle Richtungen.

Wie finden Bohnen die Bohnenstange?

Das brauchst du:
- Bohne ■ Glas ■ Küchenpapier
- Holzstäbchen ■ Blumentopf
- Gartenerde ■ Bindfaden
- Schuhkarton ■ Klebeband ■ klare
Küchenfolie ■ Filzstift ■ Uhr

So geht's:
Lass wie im Versuch auf Seite 110 eine Bohne keimen. Wenn sie das erste Blattpaar voll entwickelt hat, bindest du sie an ein kleines Holzstäbchen (es soll die Bohnenstange darstellen) und pflanzt sie in einen kleinen Blumentopf.

Schneide nach der Zeichnung einen Schuhkarton an der Oberseite auf und kleb die Öffnung mit glasklarer Plastikfolie zu. Der Rest des Kartons darf kein Licht durchlassen. In den Karton stellst du nun den Blumentopf. Die Pflanze darf nirgends die Kartonwand berühren.

Schau nun möglichst senkrecht von oben auf die Pflanze und markiere mit dem Filzstift auf der Folie die Stelle, wo sich die Sprossspitze befindet. Das wiederholst du jede Viertelstunde und schreibst jeweils die Uhrzeit dazu.

Das geschieht:
Nach zwei bis drei Stunden bilden die Punkte einen vollständigen Kreis. Die Sprossspitze wächst nämlich in Kreisen und „sucht" die Bohnenstange – oder einen anderen Halt, an dem sie emporwachsen kann.

Schon gewusst?
Pflanzenwurzeln können enorm lang sein. Würdest du zum Beispiel die Wurzeln einer einzigen Roggenpflanze alle hintereinanderlegen, kämst du auf rund 600 Kilometer! Das entspricht etwa der Strecke von Hamburg nach Nürnberg. Außerdem sind die Wurzelfasern noch mit feinsten Haaren bewachsen, die du nur unter dem Mikroskop erkennen kannst. Und diese Härchen sind zusammen rund 10 000 Kilometer lang – das entspricht der Entfernung von Hamburg bis nach Kapstadt an der Südspitze von Afrika. Mit diesen Wurzelhärchen saugt die Roggenpflanze Wasser aus dem Erdboden auf.

Das brauchst du:
- 6 Narzissenzwiebeln (vom Gärtner) ■ Garten-erde ■ 2 große Blumentöpfe
- ■ völlig dunklen Raum

Vielleicht hast du schon einmal Kartoffelkeimlinge gesehen, die sich im dunklen Keller entwickelten. Sie sind nicht grün wie normale Keimlinge, sondern schneeweiß. Warum? Hat die Dunkelheit etwas damit zu tun?

So geht's:
Pflanz die sechs Narzissenzwiebeln in zwei Blumentöpfe, je drei in einen Topf. Stell beide Töpfe in den dunklen Raum und begieße sie gut. Kontrolliere sie jeden Tag. Wenn die Pflanzen etwa zehn Zentimeter groß sind, stell den einen Blumentopf an ein Fenster, den anderen lass im Dunkeln. Vergleiche die Pflanzen jeden Tag. Stell zur Gegenprobe nun auch den zweiten Topf ans Fenster.

Das geschieht:
Die Pflanzen beginnen auch im dunklen Raum zu wachsen, aber ihre Blätter sind nicht grün, sondern gelb. Stellst du den Topf ans Fenster, färben sie sich langsam grün, bei den Pflanzen im Dunkeln dagegen bleiben sie gelb. Blätter werden also nur dann grün, wenn sie genug Licht haben. Sie gieren förmlich nach Licht.

Das brauchst du:
- ■ Kressesamen ■ Plastik-schälchen ■ Schuhkarton
- ■ Gartenerde ■ Nadel

So geht's:
Füll etwas feuchte Erde in eine kleine Plastikschale und säe Kressesamen. Stülpe nun einen Schuhkarton über die Schale. Er darf keinerlei Öffnungen haben – bis auf ein winziges Loch, das du auf der einen Seite mit einer Nadel hineingestochen hast. Dieses Loch muss die einzige Stelle sein, durch die Licht eindringen kann. Kontrolliere die Pflanzen jeden Tag, gib ihnen auch Wasser – aber nur bei völliger Dunkelheit.

Das geschieht:
Nach einigen Tagen siehst du, wie all die bleichen Keimlinge auf das kleine Loch zuwachsen. Sie spüren selbst das bisschen Licht, das durch die winzige Öffnung hereinkommt.

Schon gewusst?
Manche Algen im Meer kommen mit erstaunlich wenig Licht aus. Das Meerwasser lässt Licht zwar durch, schwächt es aber stark ab: In 140 Metern Tiefe zum Beispiel kommt nur noch ein Hundertstel der Lichtmenge an, die oben ins Wasser einfällt. Dennoch haben Taucher Rotalgen noch in Tiefen von fast 290 Metern entdeckt. Hier hat die Sonne sogar nur noch ein Zweihunderttausendstel ihrer Kraft.

Tipp
Statt Narzissenzwiebeln kannst du auch Hyazinthenzwiebeln oder Kressesamen verwenden.

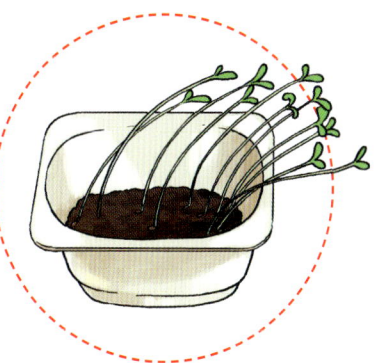

Wie steigt Wasser in die Blätter einer Pflanze?

Das brauchst du:
- 2 standfeste Gläser (etwa 10 bis 12 cm hoch)
- rote und blaue Lebensmittel- oder Eierfarbe
- Selleriestange (etwa 25 cm lang) ■ Messer

Wasser, das weißt du, ist lebenswichtig für Pflanzen. Ein Trick macht die „Wasserleitungen" in der Pflanze sichtbar.

So geht's:

Füll die Gläser mit Wasser. Färb das Wasser in einem Glas mit blauer, im anderen mit roter Farbe. Stell die Gläser dicht nebeneinander. Schneide nun die Selleriestange in Längsrichtung etwa bis zur Mitte auf. Stell die eine Hälfte ins rote, die andere ins blaue Wasser. Sieh einige Stunden später nach, was geschehen ist.

Das geschieht:

Die rote Farbe ist in der einen Hälfte hochgestiegen, die blaue in der anderen. Wenn du den Stängel aus dem Wasser nimmst und quer durchschneidest, zeigen dir die roten und blauen Farbflecken die „Wasserleitungen" im Stängel an.
Wenn du geschickt bist, kannst du das Experiment mit einer weißen Margerite wiederholen und so eine zweifarbige Blüte erzeugen. Besonders eindrucksvoll ist dieser Versuch übrigens mit einer weißen Lilienblüte.

Das brauchst du:
- großes Einmachglas
- Wasserpest (eine Wasserpflanze, gibt es in Aquariengeschäften)
- Glastrichter (notfalls Trichter aus hellem Kunststoff) ■ Reagenzglas
- Holzspan ■ Streichhölzer

Vorsicht, verbrenn dich nicht!

Schon gewusst?
Durch eine einzige große Buche, die etwa 250 000 Blätter trägt, strömen an einem sonnigen Sommertag fast 30 Millionen Liter Luft. Denn Kohlendioxid ist in der Luft nur in winziger Konzentration enthalten: 3 000 Liter Luft enthalten gerade einen Liter davon. Daher können die Buchenblätter aus dieser riesigen Luftmenge nur gut 10 000 Liter Kohlendioxid herausfiltern. Sie erzeugen daraus 14 Kilogramm Traubenzucker.

Ohne die grünen Pflanzen könnten weder Tiere noch Menschen existieren. Dieses Experiment zeigt dir warum.

So geht's:

Füll das Einmachglas mit frischem Wasser, leg einige Triebe Wasserpest hinein und stülp den Trichter darüber. Füll das Reagenzglas vollständig mit Wasser, dreh es um und steck es über den Trichterhals, ohne dass das Wasser ausläuft. Stell das Glas in die helle Sonne.

Sofort bilden sich an den Blättern kleine, silbrige Gasbläschen und steigen empor. Der Trichter fängt sie auf und sie sammeln sich im Röhrchen. Nach einigen Tagen haben sie das Wasser verdrängt.

Zünde den Holzspan an und blas die Flamme wieder aus, sodass er nur glimmt. Heb das Röhrchen vorsichtig hoch und tauch den glimmenden Span hinein: Er flammt hell auf. Das ist ein Nachweis für Sauerstoffgas – erinnere dich an den Versuch „Wie kann man Wasser in seine Bestandteile zerlegen?" (Seite 97).

Das geschieht:

Pflanzen nehmen mithilfe des Blattgrüns (Chlorophylls) in ihren Blättern Sonnenlicht auf. Mit der Sonnenenergie erzeugen sie aus Wasser und dem in der Luft enthaltenen Kohlendioxid Traubenzucker, Stärke, Fette, Eiweiß und andere Stoffe, aus denen sie ihre Blätter, Wurzeln, Blüten und Früchte aufbauen. Diesen Vorgang nennen wir „Fotosynthese". Aus dem Griechischen übersetzt bedeutet das „Stoffherstellung mithilfe von Licht".

Bei der Fotosynthese geben die Pflanzen Sauerstoff ab, den wir zum Atmen brauchen. Außerdem sorgen sie auch dafür, dass wir genügend zu essen haben: Die von den Pflanzen erzeugten Stoffe sind die Nahrung von Menschen und Tieren.

Wenn wir diese Stoffe verdauen, nutzen wir die darin gespeicherte Sonnenenergie für uns aus. Bei diesem Abbau verbrauchen wir Sauerstoff und erzeugen Kohlendioxid. Das wiederum benötigen die Pflanzen, um Fotosynthese zu betreiben – so schließt sich der Kreislauf des Lebens.

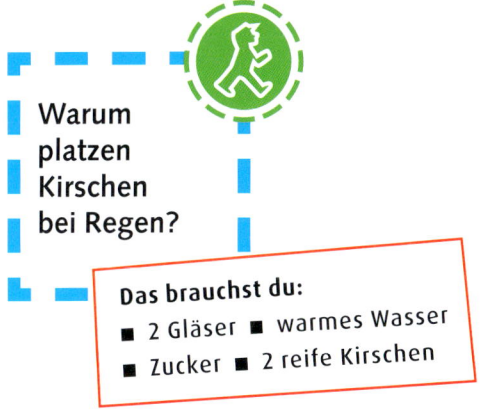

Warum platzen Kirschen bei Regen?

Das brauchst du:
- 2 Gläser ■ warmes Wasser
- Zucker ■ 2 reife Kirschen

Aufgeplatzte Kirschen nach einem kräftigen Regenguss sind ein Ärgernis für Obstbauern. Grund dafür ist ein Vorgang, der in der Biologie an vielen Stellen eine Rolle spielt.

So geht's:
Füll ein Glas mit warmem Wasser und lös einige Esslöffel Zucker darin auf. Lass es abkühlen und leg dann eine reife Kirsche hinein. Eine zweite legst du in ein Glas Leitungswasser.

Das geschieht:
Nach einigen Stunden ist die Kirsche im Zuckerwasser zusammengeschrumpft und faltig, die im reinen Wasser ist zunächst besonders prall und platzt schließlich.

Zuckerwasser hat – wie auch jede andere Lösung von Stoffen in Wasser – das Bestreben, sich zu verdünnen. Daher zieht die Zuckerlösung aus der Kirsche das Wasser; es tritt durch mikroskopisch kleine Poren in der Haut aus. Damit aber fehlt es in der Kirsche: Sie wird schrumplig wie ein zusammengeschrumpfter Luftballon.

Und was geschieht im zweiten Glas? Wie du weißt, schmecken Kirschen süß, enthalten also Zucker. Die schwache Zuckerlösung innerhalb der Kirsche möchte sich ebenfalls verdünnen und nutzt dazu das Wasser im Glas. Nun lässt allerdings die Kirschhaut zwar die kleinen Wassermoleküle durch, aber nicht die vergleichsweise großen Zuckermoleküle – sie ist „halbdurchlässig". Also sammelt sich immer mehr Wasser in der Kirsche an; der Druck steigt so lange, bis die Haut platzt. Dieser Vorgang, bei dem zwei verschieden hohe Stoffkonzentrationen sich durch eine halbdurchlässige Membran (hier die Kirschhaut) auszugleichen versuchen, heißt „Osmose". Der dabei entstehende Druck wird „osmotischer Druck" genannt.

? Schon gewusst?
Der osmotische Druck ist für die enorme Quellkraft der Pflanzen verantwortlich. Ihn nutzen zum Beispiel keimende Pflanzen, um den Erdboden zu durchstoßen. Manche können dabei sogar Steine wegschieben oder die Asphaltdecke einer Straße durchbrechen. Osmose spielt auch im menschlichen Körper eine wichtige Rolle.

Wie wächst Schimmel am besten?

Das brauchst du:
- 4 tiefe Teller
- 2 Scheiben Weißbrot
- Plastikfolie (selbsthaftende Küchenfolie) ■ Lupe

Es ist schon ärgerlich: Packst du das Brot aus dem Supermarkt nicht gleich aus, kannst du schon nach wenigen Tagen grünlich-weiße Flecken darauf entdecken – Schimmel. Wie kommt das?

So geht's:

Leg in jeden der Teller eine halbe Scheibe Weißbrot und träufle etwas Wasser darauf. Deck zwei der Teller mit Plastikfolie zu, die anderen beiden bleiben offen. Stell zwei Teller, einen mit und einen ohne Folie, an einen warmen und dunklen Platz, die anderen beiden Teller an einen kalten Platz. Kontrolliere jeden Tag die Brotscheiben auf Schimmel. Betrachte den entstandenen Schimmelrasen unter der Lupe.

Das geschieht:

Wahrscheinlich wächst der Schimmel zuerst auf dem Brot, das warm und dunkel stand und zugedeckt war, denn Schimmel liebt es warm und feucht. Licht braucht er nicht, denn er lebt von der chemischen Zersetzung des Brotes.

Schimmel gehört zu den Pilzen. Diese Lebewesen bestehen aus feinsten Fäden, mit denen sie ihre Nahrung durchwuchern – in diesem Fall das Brot, sonst aber auch Erde, feuchtes Holz, Früchte, Aas und vieles andere. Die Pilzfäden bauen die befallenen Stoffe chemisch ab und gewinnen so Nährstoffe. Bisweilen treiben sie besondere Gebilde heraus, sogenannte Sporenbildner. Diese produzieren feinste Körnchen, die Sporen, aus denen sich neue Pilze entwickeln.

Der Pilzrasen auf deinem Brot besteht aus solchen Sporenbildnern. Unter der Lupe erkennst du kleine, pinselartige Gebilde, die vielleicht schwarze Pünktchen tragen – das sind Sporen.

Hutpilze wie Steinpilz, Pfifferling oder Champignon sind übrigens nichts anderes als die Sporenbildner von Pilzen, die als unterirdisches Fadengeflecht unsichtbar im Waldboden leben.

Schon gewusst?

Im Kreislauf der Natur sind Pilze sehr wichtig: Sie bauen Abfallstoffe ab und machen deren Inhaltsstoffe für die grünen Pflanzen nutzbar. Einige Arten erzeugen Stoffe, die Bakterien töten und daher als Medikamente einsetzbar sind. Die bekannteste dieser Arzneien, die aus Schimmelpilzen gewonnen werden, ist Penicillin. Manche Pilze können aber auch Gifte und krebserregende Substanzen produzieren. Du solltest daher niemals schimmelige Nahrungsmittel essen.

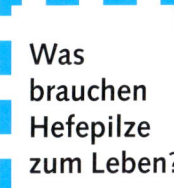

Was brauchen Hefepilze zum Leben?

Das brauchst du:
- Trockenhefe
- Zucker ■ Teelöffel
- 2 kleine Schalen

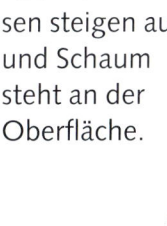

Schon gewusst?
Botaniker rechnen die Pilze nicht zum Pflanzenreich. Denn Pilze besitzen kein Blattgrün und zeigen auch sonst viele Unterschiede zu den grünen Pflanzen. So ähneln ihre Zellen chemisch viel mehr denen von Tieren. Daher hat man für die Pilze neben den Reichen der Pflanzen, der Tiere, der Kleinlebewesen und der Bakterien ein eigenes Reich geschaffen.

Wir Menschen verdanken Pilzen eine ganze Menge: Brot, Wein, Bier, Essig und Käse stellen sie für uns her. Die Hefe, die es beim Bäcker und im Supermarkt gibt, besteht aus solchen (lebenden) nützlichen Pilzen.

So geht's:
Gib in jede Schale einen Teelöffel des braunen Hefepulvers. Füll sie dann mit lauwarmem Wasser halb voll. Schütte in eine Schale einen Teelöffel Zucker und rühr um, sodass er sich auflöst. Beobachte etwa eine Stunde lang, was passiert.

Das geschieht:
Die Hefe-Wasser-Mischung ohne Zucker bleibt unverändert. Aber in der anderen Schale findet eine heftige Reaktion statt: Gasblasen steigen auf und Schaum steht an der Oberfläche.

Diese Reaktion rührt von der Hefe her, denn normales Zuckerwasser zeigt solche Veränderungen nicht. Hefe besteht aus winzig kleinen Pilzen, die sich von Zucker ernähren. Sie bauen ihn chemisch ab und nutzen die darin steckende Energie. Dabei scheiden sie Alkohol und gasförmiges Kohlendioxid aus, das den Schaum und die Gasblasen verursacht. Diesen Vorgang nennt man „alkoholische Gärung". Die Fähigkeit der kleinen Hefepilze, aus zuckerhaltigen Säften alkoholische Getränke herzustellen, wird schon seit Jahrtausenden genutzt. So wird zum Beispiel aus zuckerhaltigem Traubensaft Wein, aus Gerstensaft Bier, und unsere germanischen Vorfahren stellten aus gewürztem Honigwasser Met (Honigwein) her.

Experimente mit deinen fünf Sinnen

Der menschliche Körper gilt als das komplizierteste Wunderwerk auf der Erde. Grund genug, sich auch forschend mit seinen Reaktionen zu beschäftigen. Dabei interessieren uns vor allem unsere Sinnesorgane. Denn sie als unsere „Kundschafter in die Außenwelt" sind besonders gut für Selbstversuche geeignet.

Wie wichtig ist die Nase beim Essen?

Das brauchst du:
- Kartoffel ■ Apfel
- Sellerieknolle ■ Zwiebel
- Messer ■ tiefen Teller
- dunkles Tuch ■ Helfer

Vorsicht, schneide dich nicht!

So geht's:

Schneide Apfel, Kartoffel, Sellerie-knolle und Zwiebel in kleine Würfel, schichte sie zu vier kleinen Häufchen und deck den Teller darüber. Lass dir von einem Helfer die Augen verbinden und halte dir auch die Nase zu. Jetzt lass dir nacheinander einige der Würfel geben und prüf, ob du am Geschmack die Frucht erkennen kannst.

Das geschieht:

Es wird dir kaum gelingen, obwohl diese vier Speisen eigentlich doch sehr unterschiedlich schmecken. Aber diese Unterschiede stellt normalerweise vor allem die Nase fest. Die meisten Nahrungsmittelduftstoffe nehmen wir nämlich mit der Nase auf, nicht mit der Zunge. Deswegen schmeckt dir das Essen auch nicht besonders gut, wenn du starken Schnupfen und eine zugeschwollene Nase hast.

?

Schon gewusst?

Deine Zunge schmeckt nicht überall das Gleiche. Die Geschmacksknospen sind nämlich unterschiedlich auf ihr verteilt. Diejenigen für Süßes liegen auf der Zungenspitze. Am Zungenrand rechts und links ist die „salzige" Region. Dahinter sitzt der für sauer empfindliche Bereich. Und den bitteren Geschmack spürst du im hinteren Teil der Zunge.

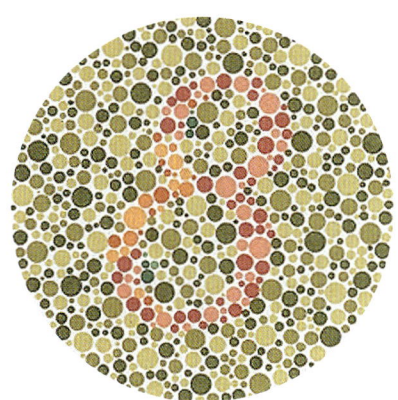

Schon gewusst?

Viele Tierarten sehen die Welt ganz anders als wir. Manche nehmen gar keine Farben wahr, andere Arten aber sehen Licht, das wir nicht wahrnehmen können. Bienen zum Beispiel sehen kein Rot; eine rote Blüte ist für sie schwarz. Dafür aber sind ihre Augen empfindlich für ultraviolettes Licht. In manchen für uns einfarbigen Blüten hat man „Farbmuster" gefunden, die nur für Ultraviolett-empfindliche Augen zu sehen sind.

Wie kann man seine Augen auf Farbenblindheit prüfen?

Wie lassen sich unsere Augen überlisten?

So geht's:

Schau auf das runde Bild oben links. Was erkennst du? Wenn du die rote 8 zwischen den grünen Punkten siehst, sind deine Augen voll farbtauglich.

Das geschieht:

Manche Menschen haben Probleme, die 8 zu erkennen, weil sie die Farben Rot und Grün nicht unterscheiden können. Man nennt das „Farbenblindheit".
Woran liegt das? Erinnere dich an unsere Farbexperimente (Seite 51, 52). Das Auge besitzt drei verschiedene Arten von Farbsehzellen („Zäpfchen"), eine für jede Grundfarbe: für Rot, für Grün und für Blau. Bei Rot-Farbenblinden funktionieren die für Rot empfindlichen Sehzellen nicht. Diese Menschen erkennen zum Beispiel rote Lichter schlecht, etwa die Bremslichter eines Autos. Seltener sind Menschen, bei denen die Grün-Zäpfchen nicht arbeiten. Sie können zum Beispiel rote und grüne Äpfel nicht gut unterscheiden. Ganz selten sind Blau-Blinde und Menschen, die überhaupt keine Farben wahrnehmen.

Du meinst vielleicht, deine Augen würden dir ein exaktes Bild von der Umwelt vermitteln. Das stimmt zwar meistens. Dennoch gibt es bestimmte Bilder, die dir die Ungenauigkeiten und Sehfehler der Augen deutlich machen. Man nennt solche Bilder „optische Täuschungen" und du findest hier einige der bekanntesten.

Das Auge sieht Schatten, wo keine sind.

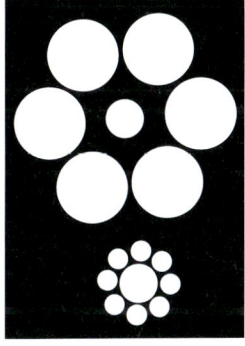

Welcher der Innenkreise ist größer?

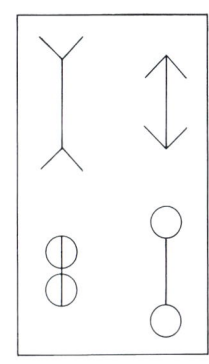

Kurze und lange Linien – tatsächlich?

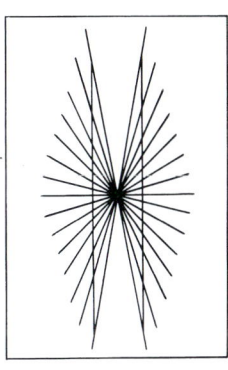

Sind die senkrechten Linien wirklich gekrümmt?

Wie kann man den blinden Fleck im Auge nachweisen?

Die wichtigsten Sinnesorgane sind unsere Augen. Doch obwohl wir damit normalerweise sehr gut sehen können, gibt es in jedem Auge eine blinde Stelle.

So geht's:

Oben auf der Buchseite siehst du eine Katze und eine Maus. Halte dir jetzt das Buch vors Gesicht. Die Katze muss sich genau vor deinem rechten Auge befinden. Halte dir nun das linke Auge zu und schau fest auf die Katze. Jetzt entferne das Buch langsam von dir, ohne den Blick zu verändern. Was geschieht?

Das geschieht:

Bei einem bestimmten Abstand scheint die Maus ganz plötzlich zu verschwinden (aber nur solange du genau auf die Katze schaust). Jetzt fällt das Bild der Maus nämlich genau auf den „blinden Fleck". Auf der Netzhaut hinten im Auge sitzen die Sehzellen, die das von der Augenlinse projizierte Bild der Umgebung aufnehmen und ans Gehirn melden. An einer Stelle der Netzhaut aber sitzen keine Sehzellen, weil dort der Sehnerv hindurchläuft. Normalerweise fällt dir das nicht auf, weil das Gehirn die leere Stelle automatisch mit anderen Bildinformationen füllt. Deshalb kannst du bei diesem Experiment auch ständig zumindest Papierweiß sehen – nur eben nicht die Maus, weil das Gehirn diese Information nicht bekommt, solange das Bild der Maus genau auf den blinden Fleck fällt.

Wie viel geht noch ins Glas hinein?

So geht's:

Füll eines der Gläser randvoll mit Wasser und gieß dann die Hälfte davon ins zweite Glas. Nun werden beide Gläser immer noch ziemlich voll erscheinen und du kannst mit deinen Freunden wetten, ob der Inhalt des einen Glases ins andere passt.

Das geschieht:

Wieder lassen sich unsere Augen täuschen: Wir sehen nur den kleinen Höhenunterschied zwischen fast voll und ganz voll und können daraus nicht gut abschätzen, dass dank der weiten Glasöffnung doch noch ziemlich viel Flüssigkeit im Glas Platz hat.

Schon gewusst?

Lärm hoher Lautstärken ist sehr gefährlich für das Gehör. Nach kurzer Zeit werden die feinen Hörzellen in den Ohren geschädigt – man kann fürs ganze Leben schwerhörig werden. Gefährlich sind zum Beispiel laute Musik in Diskotheken oder zu laute Kopfhörer beim MP3-Player oder Handy. Starker, andauernder Lärm, etwa von Flugzeugen oder Hauptverkehrsstraßen, kann sogar krank machen.

Wie genau kann man Schallquellen orten?

Das brauchst du:
- ein Stück Schlauch (etwa 140 cm lang, etwa 10 mm Durchmesser)
- Lineal ■ Filzstift
- Helfer

Schon gewusst?

In früheren Jahrtausenden war genaues Hören lebenswichtig, um zum Beispiel ein heranschleichendes wildes Tier zu orten. Heute brauchst du dein gutes Gehör vor allem im Straßenverkehr. Für Autofahrer wiederum ist eine kurze Reaktionszeit sehr wichtig, besonders bei hohen Geschwindigkeiten. Rechne immer damit, dass ein heranrasender Fahrer, wenn er dich plötzlich auf die Fahrbahn laufen sieht, erst noch eine „Schrecksekunde" hat, bis er sich der Gefahr überhaupt bewusst wird und auf die Bremse tritt.

So geht's:

Miss bei dem Schlauch genau die halbe Länge ab und markiere die Stelle mit dem Filzstift. Steck nun je einen Trichter in die Schlauchenden und halte sie dir an die Ohren. Führ den Schlauch dabei hinten über deinen Rücken. Bitte nun einen Freund oder eine Freundin, mit dem Filzstift auf die Markierung zu klopfen. Hörst du den Schall mit beiden Ohren gleich laut? Lass deinen Helfer nun jeweils zehn Zentimeter rechts bzw. links von der Markierung klopfen. Jetzt scheint der Schall von der Seite zu kommen. Wie nahe an der Mittelmarkierung kann man klopfen, damit du den Schall noch als von einer Seite kommend hörst?

Das geschieht:

Unsere Ohren sind verblüffend genau beim Orten einer Schallquelle. Das ist eine erstaunliche Leistung des Gehirns: Es misst dazu nämlich den winzigen Zeitunterschied (Bruchteile einer Sekunde), der zwischen dem Eintreffen des gleichen Schallsignals am linken und am rechten Ohr besteht, und rechnet ihn in eine Richtung um.

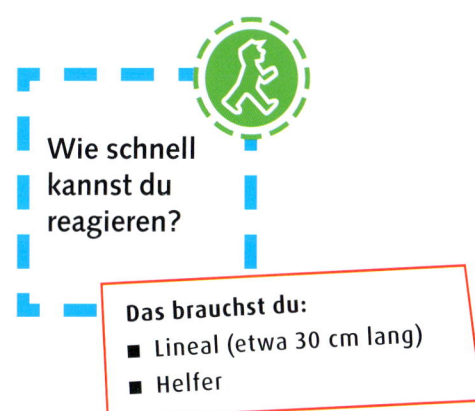

Wie schnell kannst du reagieren?

Das brauchst du:
- Lineal (etwa 30 cm lang)
- Helfer

So geht's:

Dein Helfer soll das Lineal am oberen Ende festhalten. Du schließt Daumen und Zeigefinger um das untere Ende, aber ohne es tatsächlich zu berühren. Dann soll dein Helfer das Lineal unvermittelt loslassen und du versuchst, es so rasch wie möglich festzuhalten. Wie viel vom Lineal ist dir zwischen den Fingern hindurchgeflutscht? Je größer die durchgerutschte Lineallänge, desto länger ist deine Reaktionszeit.

Das geschieht:

Niemand kann blitzschnell reagieren, denn die Leitung des Signals von den Augen zum Gehirn und dann zu den Muskeln braucht etwas Zeit. Diese Reaktionszeit liegt bei unerwarteten Ereignissen bei etwa einer Sekunde – der „Schrecksekunde". Mit zunehmendem Alter und bei Ermüdung oder Alkoholeinfluss ist sie deutlich länger, bei erwarteten Ereignissen wie in deinem Versuch deutlich kürzer.

Tipp

Versuch einmal, dein Herz schlagen zu hören. Dazu hältst du einen Trichter an deine Ohrmuschel, einen anderen gegen die linke Brustseite und verbindest beide mit einem Stück Schlauch. Probier verschiedene Stellen aus, bis du das Pochen gut hörst.

Wo fühlst du am besten?

Das brauchst du:
- etwas Klingeldraht oder zwei spitze Bleistifte mit Klebeband
- Schere ■ Helfer ■ Tuch

Mit den Fingerkuppen kann man Dinge besonders genau befühlen. Aber sind eigentlich auch andere Stellen des Körpers so empfindlich?

So geht's:

Schneide zwei etwa zehn Zentimeter lange Stücke des Klingeldrahts ab und drill sie zusammen. An einem Ende sollten die beiden Drahtstücke nur etwa drei Millimeter Abstand haben. (Du kannst auch zwei gespitzte Bleistifte nehmen und mit Klebeband zusammenkleben.)

Verbinde deinem Helfer die Augen. Berühr ihn nun vorsichtig mit einer oder beiden Spitzen an verschiedenen Körperstellen: auf den Fingerkuppen, an Handaußenflächen und -innenflächen, an den Lippen, auf dem Rücken. Er soll jedes Mal raten, ob du ihn mit einer oder mit zwei Spitzen berührst. Du kannst auch den Abstand der Spitzen verkleinern oder vergrößern, um herauszufinden, wie empfindlich die jeweiligen Bereiche des Körpers sind.

Das geschieht:

An den meisten Stellen der Haut sind die Tastsinneszellen ziemlich weit auseinander. Dort kann dein Freund nur bei relativ großem Abstand der Spitzen merken, ob du ihn mit einem oder mit beiden Enden berührst. Fingerkuppen und Lippen (übrigens auch die Zungenspitze) sind dagegen hochempfindlich, denn hier liegen die Tastsinneszellen dicht an dicht – etwa zwei auf der Fläche eines Quadratmillimeters.

Wie funktioniert das „magische Auge"?

So geht's:

Auf der rechten Seite siehst du ein buntes Bild. Darin ist ein weiteres Bild verborgen, das du auf den ersten Blick nicht erkennen kannst. Du siehst es oben rechts auf der Seite: Es sind springende Delfine.

So entdeckst du sie: Halte das bunte Bild an deine Nasenspitze und bewege es dann langsam von dir weg, bis du eine normale Leseentfernung erreicht hast. Schau dabei durch das Bild hindurch – so lange, bis du die Delfine sehen kannst.

Gib acht, dass sich deine Augen dabei nicht überanstrengen. Wenn es nicht gleich klappt, probier es lieber noch ein zweites Mal.

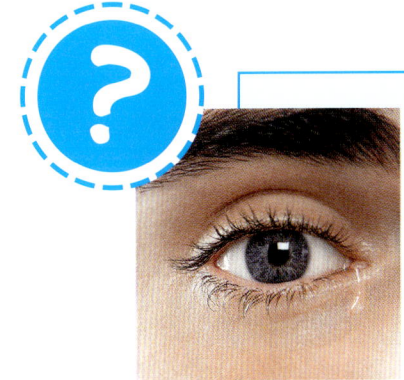

Schon gewusst?

Damit du immer gut sehen kannst, muss die durchsichtige Horn-haut deines Auges stets feucht und sauber gehalten werden. Nur so bleibt sie gut durchsichtig. Diese Aufgabe übernehmen die Augenlider. Alle paar Sekunden schließen sie sich blitzschnell und feuchten das Auge mit Tränenflüssigkeit an. Wenn ein Fremdkör-per, zum Beispiel ein Staubkorn, ins Auge geraten ist, fließen die Tränen stärker und spülen ihn weg.

Das geschieht:

Mithilfe von Computerprogrammen kann man Bilder herstellen, die ohne zusätzliche Hilfsmittel dreidimensional, also räumlich wirken. Diese Bilder bestehen aus sich regelmäßig wiederholenden Mustern. Aber die Abstände gleicher Muster sind nicht exakt, sondern variieren geringfügig – und in dieser Veränderung ist das 3-D-Bild versteckt. Denn unsere Augen erkennen die Entfernung eines Gegenstandes daran, wie sehr sich die Bilder von ihm unterscheiden, die das rechte bzw. das linke Auge aufnimmt. Wenn also die Abstände der Musterteile etwas geringer sind als normal, interpretiert das Gehirn dies als „weiter weg".

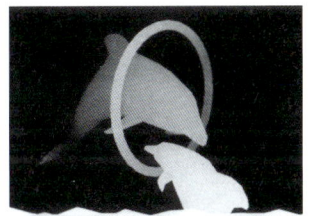

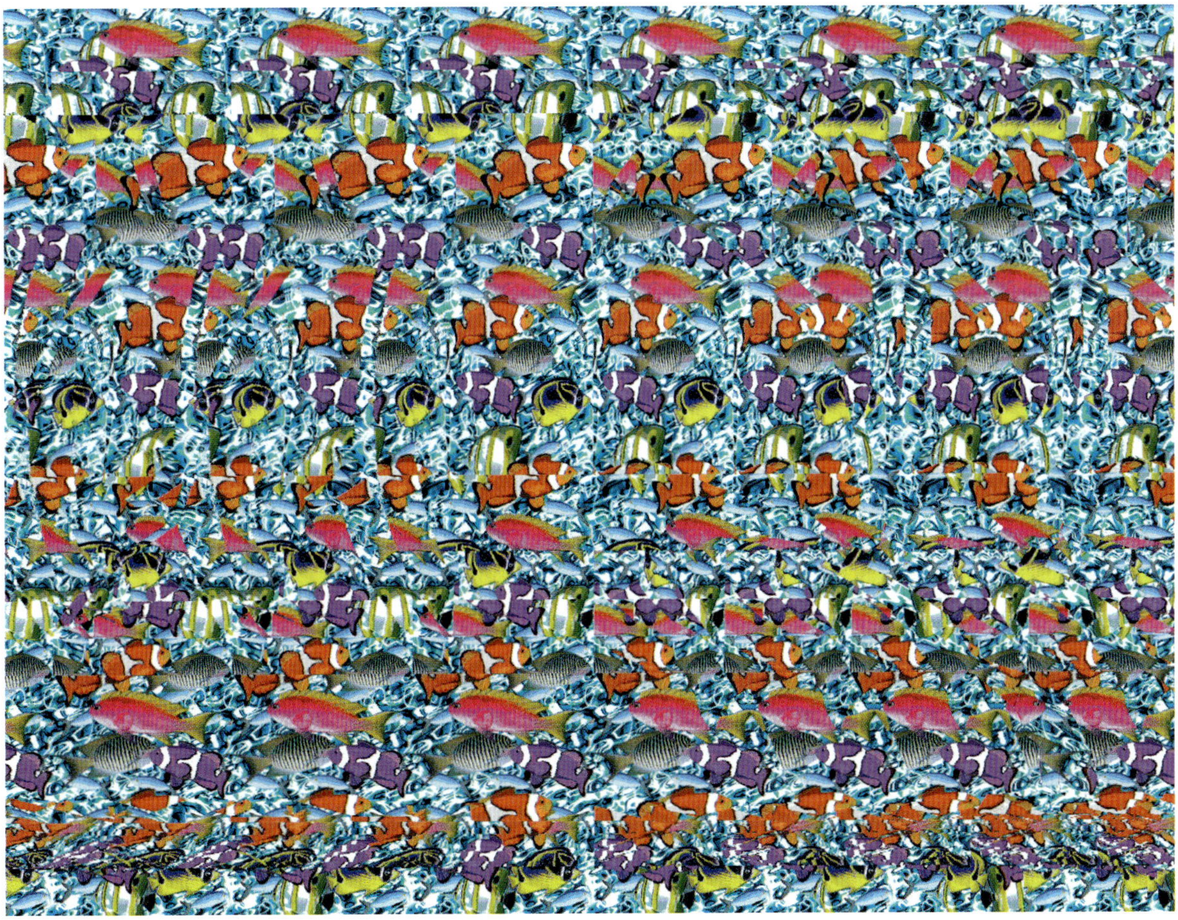

Index